Bründel / Simon · Die Trainingsraum-Methode

Heidrun Bründel / Erika Simon

Die Trainingsraum-Methode

Umgang mit Unterrichtsstörungen:
klare Regeln, klare Konsequenzen

Beltz Verlag · Weinheim, Basel, Berlin

Heidrun Bründel, Dr. phil., Jg. 1944, Diplompsychologin; Psychotherapeutin, Klinische Psychologin in der Bildungs- und Schulberatung des Kreises Gütersloh.

Erika Simon, Jg. 1948, Lehrerin an der Ketteler-Schule in Rheda-Wiedenbrück.

Lektorat: Peter E. Kalb

© 2003 Beltz Verlag · Weinheim, Basel, Berlin
www.beltz.de
Herstellung: Lore Amann
Satz: Mediapartner Satz und Repro GmbH, Hemsbach
Druck: Druckhaus Beltz, Hemsbach
Umschlaggestaltung: Federico Luci, Köln
Umschlagfoto: Württembergisches Landesmuseum Stuttgart
Printed in Germany

ISBN 3-407-62513-8

Inhaltsverzeichnis

Vorwort

Werteerziehung – verantwortlich denken und handeln

Der Bildungs- und Erziehungsauftrag der Schule umfasst auch die Vermittlung von Werten und Normen. Schülerinnen und Schüler benötigen nicht nur eine gute Allgemeinbildung, sondern ebenfalls eine Persönlichkeitsbildung, die sich an den Werten unserer Gesellschaft orientiert. Dazu gehören Verantwortungsbewusstsein, die Anerkennung von Regeln im Umgang miteinander, Entscheidungs- und Antizipationsfähigkeit, Problemlösekompetenz sowie Kooperations- und Kommunikationsbereitschaft. Diese Fähigkeiten sind bei vielen Schülerinnen und Schüler jedoch nicht ausreichend vorhanden, sodass der Förderung persönlicher und sozialer Kompetenzen sowie der Etablierung von Regeln und der Sensibilisierung für Normen und Werte eine hohe Bedeutung zukommt. Schulen müssen die Schülerinnen und Schüler befähigen, eigene Rechte zu wahren und die Rechte anderer zu respektieren. Auch Betriebe, Firmen und Unternehmen erwarten von ihren Auszubildenden, dass sie eigenständig denken und verantwortlich handeln können, setzen dies jedoch nicht mehr selbstverständlich voraus, sondern sehen die Werteerziehung, die Vermittlung eines Wertebewusstseins und einer Werteorientierung als zentralen Auftrag auch der betrieblichen Ausbildung an.

In unseren Schulen muss Eigenverantwortung wieder erfahrbar und erlebbar gemacht werden. Je konsequenter dieses Prinzip von allen in Schulen Beteiligten realisiert wird, desto eher wird es auch von Schülerinnen und Schülern als Leitidee für ihr eigenes Handeln akzeptiert. Schülerinnen und Schüler können nur dann den Sinn von Werten verstehen und danach handeln, wenn sie erleben, dass sie für alle gleichermaßen gültig sind und wenn ihnen Respekt entgegengebracht wird. Verhaltensregeln im Umgang miteinander müssen gemeinsam ausgearbeitet und in regelmäßigen Abständen auf ihre Gültigkeit überprüft und dem Alter der Schüler angepasst werden. Lernziel sollte dabei sein, die Konsequenzen für das eigene Tun und Mitverantwortung für die Gestaltung des Schullebens und auch des Unterrichtsablaufs zu übernehmen. Dies kann in Form von Verträgen und Absprachen zwischen Schülern und Lehrern oder auch in Form von Schulprogrammen geschehen. Schule und Elternhaus müssen dabei eng zusammenarbeiten.

Lehrerinnen und Lehrer können ihren Schülerinnen und Schülern auf vielfältige Weise Werthaltungen und Einstellungen vermitteln. Mit ihrem Verhalten und ihrer Persönlichkeit sind sie für Schülerinnen und Schüler Vorbilder, die sich positiv, aber auch negativ auswirken können. Schülerinnen und Schüler achten besonders darauf, wie Lehrerinnen und Lehrer auf Unterrichtsstörungen reagieren. Sie registrieren emotionale Ausbrüche genauso wie respektvolles Verhalten und sachliches Umgehen mit Störungen.

Es ist das Ziel dieses Buches, aufzuzeigen, dass Lehrer und Schüler in der Schule Rechte haben und sich für die Einhaltung dieser Rechte einsetzen und engagieren müssen. Gemeinsam mit den Eltern müssen sie ein »Bündnis für Erziehung« eingehen, damit der Wert »Erziehung« in der Schule wieder seinen Platz finden und gestärkt werden kann. Die Chancen für eine gelingende Erziehung sind dann gegeben, wenn alle Verantwortlichen für Schule und Unterricht vertrauensvoll zusammenarbeiten.

Für Lehrerinnen und Lehrer heißt das, aus dem Teufelskreis von Ärger, Ohnmachtgefühlen und Frustration auszusteigen und sich Bewältigungsfähigkeiten anzueignen, die ein entspannteres Reagieren auf Störungen und einen respektvollen Umgang mit störenden Schülerinnen und Schülern ermöglichen und damit ihre Arbeitsmotivation und Arbeitsfähigkeit aufrechterhalten. Es heißt außerdem, mit den Eltern ihrer Schülerinnen und Schüler partnerschaftlich zu kooperieren und zu kommunizieren und sie um Mithilfe bei der Ausübung ihres Erziehungsauftrages zu bitten.

Für Schülerinnen und Schüler bedeutet es, dass sie lernen, in Eigenverantwortung selbst für einen möglichst störungsfreien Unterricht zu sorgen, und für Eltern heißt es, dabei zu sein, sich zu kümmern, durch ihre Mitsprache und ihr Engagement Schule mit zu gestalten und die Lehrerinnen und Lehrer in ihrer Erziehungsverantwortung zu unterstützen. Die Grundidee liegt in einer »Erziehungspartnerschaft«, an der Lehrer, Schüler und Eltern direkt und indirekt beteiligt sind.

Dieses Buch bezieht sich auf ein amerikanisches Programm, das von Edward Ford (USA) erstmalig formuliert worden ist und das die Autorinnen für deutsche Verhältnisse adaptiert, verändert und umformuliert, variiert, ergänzt und komplettiert haben. Die Autorinnen glauben fest daran, dass der respektvolle Umgang mit störenden Schülern, so wie es im Programm beschrieben wird, eine Möglichkeit ist, ruhiger und sachlicher auf Störungen zu reagieren, effektiver und stressfreier zu unterrichten und damit die Qualität des Unterrichts zu verbessern. Sie haben das Programm sowohl in intensiven E-Mail-Kontakten mit Edward Ford als auch anlässlich eines Workshops bei ihm in Arizona (USA) kennen und schätzen gelernt.

Das vorliegende Buch ist aus dreijähriger Erfahrung in der praktischen Umsetzung an deutschen Schulen entstanden und versteht sich als Handlungsanleitung für Lehrerinnen und Lehrer *aller Schulformen* in Bezug auf Einführung, Durchführung und Implementierung des Programms. Alle Materialien stellen Kopiervorlagen (KV) dar und sind für Lehrerinnen und Lehrer bzw. Schulpsychologinnen und Schulpsychologen gedacht, die das Programm in ihren Schulkollegien vorstellen und einführen möchten.

Gütersloh, im Herbst 2003 *Heidrun Bründel / Erika Simon*

Einleitung:
Unterrichtsstörungen – ein leidiges Thema

*Leadership is the art of getting someone else
to do something you want done because he wants to do it*
Dwight D. Eisenhower

Unterrichtsstörungen stellen das größte Hindernis für Lehrerinnen und Lehrer in ihrem Bemühen dar, sowohl einen guten Unterricht zu verwirklichen als auch ihre Schülerinnen und Schüler darin zu unterstützen, sich rücksichtsvoll zu verhalten und die Rechte anderer zu respektieren. Unterrichtsstörungen können bis zu 60 Prozent einer Unterrichtsstunde ausmachen und umfassen zeitlich sowohl die störenden Aktionen der Schülerinnen und Schüler selbst, als auch die Maßnahmen, die Lehrerinnen und Lehrer ergreifen, um diese abzustellen. Lehrerinnen und Lehrer wenden dabei ganz unterschiedliche Methoden an, die je nach Effektivität und Auswirkung in ihrer Intensität eine Steigerung erfahren: So rufen sie erfahrungsgemäß bei Störungen zunächst den Namen der betreffenden Schüler auf und bitten um Ruhe, dann ermahnen sie die Schüler bei weiteren Störungen und werden in der Stimme schon etwas dringender und ermahnen bei Bedarf mehrmals.

> **Die Reaktionen von Lehrerinnen und Lehrer auf Unterrichts-
> störungen sind vielfältig und breit gestreut.**

Wenn dies im Verlauf des weiteren Unterrichts keine Wirkung zeigt, lässt ihre Geduld häufig nach, ihre Frustration steigt, sie werden ärgerlich, und es kommt je nach Persönlichkeit zu emotionalen Ausbrüchen und zu Verhaltensweisen, die Schülerinnen und Schüler als sehr unangenehm erleben und bei Lehrerinnen und Lehrern selbst zu Unzufriedenheit mit ihrem pädagogischen Handeln führen. Ein Drittel aller Lehrerinnen und Lehrer fühlt sich ausgelaugt, ermüdet und ermattet, die Hälfte von ihnen strebt eine frühzeitige Pensionierung an. Schülerinnen und Schüler erleben auf diese Weise in ihrer durchschnittlich 10-jährigen Schullaufbahn bei ihren Lehrerinnen und Lehrern die ganze Bandbreite einer mühsamen und oft nicht gelingenden Emotionskontrolle. Von diesem Standpunkt aus gesehen, zeigen Lehrerinnen und Lehrer in ihren Reaktionen auf Unterrichtsstörungen kein positives Modellverhalten.

Unterrichtsstörungen stellen ein Dilemma für Lehrer und Schüler gleichermaßen dar. Es gibt keine objektiven Störungen, sie sind immer auf ein subjektives Störungsempfinden zurückzuführen und sind Deutungen, die von Lehrern sowie Schülern vorgenommen werden. Dabei gibt es inter- und intraindividuelle Unterschiede: Was den einen Lehrer stört, stört den anderen Lehrer nicht, und was die eine Lehrerin am Montagmorgen überhaupt nicht stört, stört sie vielleicht am Freitagmittag, wenn die Nerven blank liegen. Dasselbe gilt für Schülerinnen und Schüler. Sind sie selbst in Störungen verwickelt, ist ihr Störungsempfinden ein anderes, als wenn sie nicht beteiligt sind. Viele Schülerinnen und Schüler beklagen sich über Störungen, fühlen sich erheblich beeinträchtigt und möchten, dass Lehrerinnen und Lehrer sich »durchsetzen«, was immer das heißen mag.

Die Maßnahmen, die Lehrerinnen und Lehrer ergreifen, sind oft spontan, vom Augenblick diktiert und häufig für die Schüler nicht berechenbar. In den meisten Schulen gibt es kein stringentes und für alle Lehrerinnen und Lehrer verbindliches einheitliches und strukturiertes Vorgehen. Jede Lehrerin und jeder Lehrer reagiert individuell auf Störungen, einmal mit Humor, ein anderes Mal mit Hinwegsehen und wiederum ein anderes Mal mit Sanktionen der verschiedensten Art. Der Mehrzahl der strafenden Maßnahmen ist gemeinsam, dass sie die *Handlungen* der Schüler zu beeinflussen suchen, und nicht etwa ihr *Denken* oder ihre *Wünsche* und *Zielsetzungen*. Genau aus diesem Grund sind sie auch langfristig so nutzlos und führen zu den bekannten Ermüdungserscheinungen, zu psycho-vegetativen und psychosomatischen Beschwerden, zum Burnout und letztlich, im Vergleich zu anderen Berufen, zu der hohen Zahl der Frühpensionierungen von Lehrerinnen und Lehrern.

> **Die Maßnahmen der Lehrerinnen und Lehrer zur Behebung von Unterrichtsstörungen zielen auf das Handeln der Schülerinnen und Schüler und nicht auf ihr Denken.**

Abb. 1: Gestresster Lehrer (Quelle: unbekannt und verändert)

Abbildung 1 zeigt in überspitzter Form, dass Lehrerinnen und Lehrer meistens fröhlich und gut gestimmt morgens in die Klasse gehen. Sie haben sich gut vorbereitet und freuen sich auf den Unterricht. Aber was passiert sehr oft? Sie kommen geknickt, enttäuscht, frustriert aus dem Klassenzimmer heraus und hadern mit sich und den Schülern. Wieder gab es so viele Unterrichtsstörungen, dass sie ihr Unterrichtsziel auch nicht annähernd erreichen konnten. Sie mussten permanent für Ruhe und Ordnung sorgen, Schüler ermahnen, tadeln und »disziplinieren«.

Die psychische Belastung von Lehrerinnen und Lehrer ist deshalb so groß, weil sie sich in einem ständigen »Kampf« mit störenden Schülerinnen und Schülern befinden, weil sie tagtäglich gegen Störungen mit Maßnahmen »ankämpfen«, von denen sie im Grunde wissen, dass sie keine große Wirkung zeigen. Sie greifen jedoch aus Ohnmacht und Resignation zu immer denselben Verhaltensweisen und erleben dabei häufig eigenes Versagen, Unbehagen und Ratlosigkeit.

Es gibt Lehrerinnen und Lehrer, die sich mit starkem Druck gegenüber Schülerinnen und Schülern durchsetzen, die auf Störungen scharf und mit Härte reagieren. Die Begleiterscheinungen sind jedoch auch bei ihnen ständige psychische Anspannung und manchmal sogar eine grundlegende Abwehrhaltung gegenüber dem Schüler im Allgemeinen. Druck erzeugt Gegendruck, Kontrolle führt zu Gegenkontrolle. Die Erkenntnis daraus lautet, dass Konflikte immer dann entstehen, wenn einer den anderen zwingt, etwas zu tun, was dieser nicht will oder daran hindert, etwas zu tun, was dieser tun möchte.

> **Druck erzeugt Gegendruck**

Pädagoginnen und Pädagogen sollten sich von der Überzeugung verabschieden, das Verhalten ihrer Schülerinnen und Schüler gegen deren Willen dauerhaft beeinflussen zu können. Sie haben vielleicht kurzfristige Erfolge, die sie jedoch, wenn überhaupt, nur mit hohem Einsatz erreichen und sie oft an ihre psychischen Grenzen stoßen lassen.

Wenn Erziehung heißt, Schüler und Schülerinnen aus der Abhängigkeit in die Selbstständigkeit und Eigenverantwortung zu *führen*, dann setzt das voraus, dass der Geführte auch geführt werden will. Gegen den Willen eines Schülers können Lehrer nur mit Druck und dann auch nur kurzfristig etwas erreichen. Dauerhafte und stabile Einstellungs- und Verhaltensänderungen sind nicht über Fremdbestimmung zu erzielen. Menschen können nur dann andere dazu bewegen, etwas zu tun, was sie wünschen, wenn diese es auch wollen (s. Zitat Eisenhower). Das sind die Grundgedanken der Wahrnehmungskontrolltheorie und eines darauf basierenden praktischen pädagogischen Vorgehens, des Programms des eigenverantwortlichen Denkens und Handelns. Es stellt die Anwendung der Theorie im pädagogischen Feld dar. Bei diesem Programm handelt es sich um ein Verfahren, das Lehrerinnen und Lehrer einen anderen Umgang mit Störungen vermittelt und zur Erhöhung der sozialen Kompetenz von Schülerinnen und Schülern beiträgt. Schülerinnen und Schüler – so beklagen Lehrer und Schulpsychologen gemeinsam – verfügen im Allgemeinen über wenig Lebenskompetenz und über eine nur geringe Eigenverantwortlichkeit für ihr Verhalten. Sie sind es gewohnt, die Verantwortung auf andere zu schieben, sich bei der Frage, wer angefangen hat, herauszureden und eigenes Verhalten oft mit dem anderer zu entschuldigen. Sie machen sich nicht genügend bewusst, dass sie selbst und nicht andere ihr Verhalten verursachen, dass ihre Handlungen »im Kopf« entstehen, d.h. gewünscht und gewollt sind. Sie haben es nicht gelernt, den Eigenanteil ihres Verhaltens zu erkennen, Konsequenzen zu überdenken und sich selbst zu kontrollieren.

Genau hier setzt das Programm an. Seine Attraktivität besteht darin, dass es sowohl für Lehrerinnen und Lehrer als auch für Schülerinnen und Schüler einen großen Gewinn bringt. Der Gewinn für Lehrerinnen und Lehrer liegt darin, dass sie endlich die Chance haben, einen weitgehend störungsfreien Unterricht durchzuführen. Es gibt keine sich ständig wiederholenden Ermahnungen mehr, kein zeitaufwändiges Feilschen um die Störung, keine langen Diskussionen, keine Ausreden mehr, sondern ein stringentes Vorgehen bei Störungen im Klassenraum. Damit reduziert sich die psychische Anspannung und Belastung der Lehrerinnen und Lehrer erheblich. Sie müssen nicht mehr gegen Störungen von Schülerinnen und Schülern »ankämpfen«, sondern sie können sehr viel ruhiger und gelassener darauf reagieren. In Abwandlung der Abbildung 1 könnte als Ziel für Lehrerinnen und Lehrer formuliert werden, den Klassenraum so entspannt und fröhlich zu verlassen, wie sie ihn betreten haben (Abb. 2).

Abb. 2: Entspannter Lehrer

Der Gewinn für Schülerinnen und Schüler liegt darin, dass sie lernen, sich an Regeln zu halten, dass sie in ihrer Entscheidungsfähigkeit gestärkt werden und dass sie sich darin üben, antizipatorisch zu denken und die Konsequenzen ihres Verhaltens zu berücksichtigen, mit einem Wort, dass sie nachdenken, bevor sie handeln.

> **Schülerinnen und Schüler sollen lernen,**
> **dass sie über ihr Verhalten selbst entscheiden**
> **und deshalb auch selbst verantwortlich sind.**

Damit stellt das Programm des eigenverantwortlichen Denkens und Handelns eine Möglichkeit dar, die Eigenverantwortung der Schülerinnen und Schüler zu erhöhen und eine ruhige und sachliche Reaktion der Lehrerinnen und Lehrer auf Störungen einzuüben.

Es unterscheidet sich von anderen Programmen (Balke 1998; Balke/Hogenkamp 2000; Balke 2001), die zwar das Grundkonzept von E. Ford zum Ausgang nehmen, aber vom stringenten Frageprozess im Laufe der Zeit gegenüber allerersten Veröffentlichungen abgewichen sind und eine verkürzte Durchführung praktizieren Nach Balke (2001) sollen die Lehrerinnen und Lehrer nach einer ersten Störung der Schüler eine »ausdrückliche Ermahnung« aussprechen und ihnen in Anlehung an Fußballspielregeln die »gelbe Karte« zeigen. Er verzichtet auf die Bewusstmachung der Störung und lässt die Schüler auch nicht die Regeln nennen, gegen die sie verstoßen haben. Bei Uneinsichtigkeit bzw. einer zweiten Störung »schickt« er sie in den Trainingsraum. Wir dagegen vermeiden das Wort »schicken« und legen großen Wert auf den vollständigen Frageprozess (s. S. 42ff.) sowie darauf, dass die Lehrerinnen und Lehrer den Schülern deutlich vermitteln, dass sie sich mit der zweiten Störung nun selbst zum Gehen entschieden haben, denn sie wussten ja um die Konsequenzen. Dies sind kleine, aber unseres Erachtens wichtige Details, die an die Entscheidungs- und Antizipationsfähigkeiten der Schülerinnen und Schüler appellieren und sie zur Eigenverantwortung führen.

Balkes Vorschlag an die Lehrerinnen und Lehrer, bei einer Weigerung der Schüler zu gehen, einen anderen oder mehrere andere Kollegen oder die Schulleitung herbeizurufen oder gar die Polizei zu Hilfe zu holen mutet nicht nur befremdlich an, sondern auch unüblich und überflüssig, denn er selbst schreibt, dass eine Weigerung der Schüler äußerst selten vorkomme (a. a. O., S. 102).

Bevor aufgezeigt wird, woraus unser Programm im Einzelnen besteht und wie es in Schulen durchgeführt werden kann, sollen einige wissenschaftliche Erklärungsmuster zur Frage, wie Verhalten entsteht, wie es aufrechterhalten werden kann und wie es verändert wird, dargestellt werden.

1. Wie entsteht Verhalten?

Wissenswertes für Lehrerinnen und Lehrer

Ein bisschen Theorie muss sein

Wissenschaftler verschiedener Forschungsrichtungen haben sich mit Fragen, wie Verhalten entsteht, wie es aufrechterhalten wird und wie es verändert werden kann, jahrhundertelang befasst und beschäftigen sich auch noch heute damit. Die Antworten darauf fallen sehr verschieden aus und sind in den psychologisch und soziologisch orientierten Theorien zusammengefasst, in denen Annahmen und Aussagen formuliert werden, die sich mit dem Menschen als »denkendes und handelndes Subjekt« befassen (Hurrelmann 2002). Die psychologisch und soziologisch orientierten Theorien unterscheiden sich vor allem in dem Ausmaß, in dem das Verhalten vorrangig von in der Person liegenden Ursachen (personenbezogen) oder vorrangig von außerhalb der Person liegenden Einflüssen (kontextbezogen) abhängig ist. Aber auch die personenbezogenen und kontextbezogenen Theorien sind jeweils in sich sehr unterschiedlich. Erstere führen Verhalten überwiegend auf Emotionen des Menschen, z. B. Ängste (Psychoanalyse), auf situative Bedingungen, z. B. Signalreize und Kontingenzen (Behaviorismus) und auf seine Kognitionen, z. B. irrationale Denkmuster (Kognitivismus) zurück, letztere eher auf Einflussfaktoren aus der Umwelt, wie gesellschaftliche Strukturen und Prozesse (Palmowski 1996).

Psychoanalyse	Behaviorismus	Kognitivismus
Menschliches Verhalten ist Ausdruck von Trieben und Instinkten und damit von den bewussten und unbewussten Inhalten der Psyche eines Menschen abhängig.	Menschliches Verhalten wird von außen gesteuert und ist das Ergebnis von Konditionierungsprozessen. Einen »freien« Willen gibt es nicht.	Menschliches Verhalten ist das Ergebnis von Planung, Einsicht und Entscheidungen. Der Mensch ist frei und verantwortlich für sein Tun.

Soziologische Theorien	Handlungs- und Entscheidungstheorien
Der Mensch sozialisiert sich selbst in aktiver Auseinandersetzung mit seiner Umwelt.	Die soziale Handlung ist einer der Schlüsselbegriffe zur Erklärung von Verhalten. Jede Handlung ist eine mehr oder weniger bewusste Wahlhandlung.

Erklärungsmodelle zur Entstehung und Veränderung von Verhalten

Behavioristen und Lerntheoretiker haben sich nicht nur mit der Entstehung des Verhaltens beschäftigt, sondern auch mit Möglichkeiten ihrer gezielten und systematischen Veränderung.

> **Verhalten ist gelernt.**

Schon zu Beginn des vorigen Jahrhunderts hat Watson (1913) die »klassische Lerntheorie« begründet, Regeln aufgestellt und Zusammenhänge beschrieben, die dazu führen, dass Verhaltensweisen aufgebaut, stabilisiert und auch verändert werden können. So hat er an dem kleinen Albert Experimente durchgeführt, die bewiesen, dass konditionierte Ängste (z. B. weiße Ratte) sich auf andere Reize übertragen ließen (z. B. weißes Haar, Baumwolle etc.). Zwischen dem ängstlichen Verhalten und den angstauslösenden Reizen der Umgebung wurde eine enge lineare Beziehung angenommen (operantes Konditionieren).

> **Verhalten stellt eine Reaktion auf Reize dar.**

Skinner (1973) entwickelte auf dieser Grundlage die Theorie des »instrumentellen Lernens« und erklärte damit, warum bestimmte Verhaltensweisen häufiger oder seltener oder auch gar nicht mehr gezeigt werden. Er führte das auf den Gebrauch strukturierter sozialer Verstärker wie Münzsysteme, bewusstes Loben und Zuwendung zurück, aber auch auf Tadel und Entzug von Belohnung. Das Verhalten und die nachfolgenden Konsequenzen müssen in eine eindeutige »Wenn-Dann-Beziehung« eingebettet sein und zeitlich eng aufeinander folgen (Kontingenz und Kontiguität).

In weiterführenden Theorien wird nicht mehr nur die Fremdverstärkung gesehen, sondern auch die Selbstverstärkung, die von der Person ausgeht: »Das habe ich gut gemacht« (Meichenbaum 1979). Von Bandura (1979) wurden die Einflussfaktoren der Selbstregulation, Selbstwirksamkeit und Selbstkontrolle in die Theorie des sozialen Lernens eingebracht.

> **Selbstregulation, Selbstwirksamkeit und Selbstkontrolle stärken Verhalten.**

Es handelt sich dabei um vermittelnde Variablen, die die Überzeugung eines Menschen stärken, das Verhalten ausführen und gewünschte Ziele auch wirklich erreichen zu *wollen*. Je öfter diese Ziele erreicht werden, desto mehr wird die Selbstwirksamkeit gestärkt, die wiederum einen Einfluss auf die Anstrengungsbereitschaft hat, die Ziele erreichen zu wollen.

Die Übernahme von Verhaltensweisen – so Bandura – geschieht überwiegend durch die Identifikation einer Person mit einer anderen, durch so genannte Modellpersonen. Beim Modelllernen erwirbt die Person neue Verhaltensweisen, die sie bei einer anderen Person beobachtet hat.

> **Lernen am sozialen Modell.**

Erfahrungen werden jedoch subjektiv verarbeitet, d.h., der Einzelne entscheidet selbstständig und eigenverantwortlich, ob er Verhaltensweisen in sein Repertoire aufnimmt oder nicht. In jedem Fall handelt es sich um eine aktive Übernahme in einem vom Individuum selbst gesteuerten mehr oder weniger bewussten Prozess.

Zusammengefasst heißt das: Behavioristen wie Watson und Skinner haben im Sinne einer linearen Verbindung von Ursache und Wirkung stets den Einfluss von Umweltvariablen betont – und zwar sowohl der dem Verhalten vorangehenden als auch nachfolgenden Bedingungen. Sie haben auf die Wirkung von Belohnung, Strafe, Anreiz und von positiver sowie negativer Verstärkung gesetzt. Es handelt sich dabei um Stimulus-response-Theorien, die davon ausgehen, dass es eine von der Person unabhängige Umwelt gibt, die auf ihn einwirkt. Lerntheoretiker wie Meichenbaum und Bandura haben – und das ist der weiterführende Ansatz – die mechanische Sichtweise der klassischen Lerntheorie verlassen und den aktiven und subjektiven Aneignungs- und Verarbeitungsprozess betont, der durch das Individuum selbst erfolgt.

Die Mehrheit der Soziologen (Parsons 1976; Luhmann 1984) vertritt die Auffassung, dass sich der Mensch in aktiver Auseinandersetzung mit seiner Umwelt selbst sozialisiert.

> **Sozialisation ist Selbstsozialisation.**

Der Prozess der Sozialisation, die Bildung der Persönlichkeit, die Entstehung, Veränderung und Aufrechterhaltung von Verhalten geschieht in Abhängigkeit von der Bedürfnisstruktur des Individuums – seines Organismus, seiner Persönlichkeit – von seinen persönlichen Wünschen und Zielen, und zwar immer unter Berücksichtigung der Sozialstruktur der Gesellschaft, in der es lebt. Das Individuum entscheidet selbst, welche Verhaltensweisen es in sein Repertoire aufnimmt oder nicht. Der Mensch verarbeitet produktiv seine innere und äußere Realität.

Die Konstruktivisten (Maturana/Varela 1987; v. Foerster 1981, 1988) stellen die Subjektivität des Individuums bei der Verarbeitung der »inneren« (Person) und »äußeren« Realität (Umwelt) in den Mittelpunkt ihrer Betrachtung und sehen die äußere Realität als durch die eigene subjektive Konstruktion des Individuums als gefiltert an. Ihre Grundthese lautet, dass jeder Mensch sich seine eigene Wirklichkeit konstruiert.

> **Realität ist ein subjektives Konstrukt.**

Damit heben sie die in den vorherigen Theorien gemachte Differenzierung von Person und Umwelt auf und sehen letztere als ein von jedem Menschen jeweils erzeugtes subjektives Konstrukt an. Realität ist nicht gegeben, sondern wird durch das wahrnehmende, handelnde und sich selbst organisierende Subjekt erst erzeugt (v. Foerster 1981, 1987, 1988; Richards/v. Glasersfeld 1987).

> **»Die Umwelt, so wie wir sie wahrnehmen, ist unsere Erfindung.«**
> (v. Foerster 1981)

Ähnliche Annahmen werden in den Handlungs- und Entscheidungstheorien gemacht (Druwe u. a. 2000):

Annahmen der Handlungs- und Entscheidungstheorien
➢ Als Entscheidung wird die bewusste Auswahl einer von mehreren Handlungsalternativen bezeichnet.
➢ Die Mehrzahl unserer Entscheidungen erfolgt gewohnheitsmäßig, intuitiv und mehr oder weniger bewusst.
➢ Entscheidungen sind immer zielgerichtet.
➢ Ziele ergeben sich aus den individuellen Wertvorstellungen einer Person, die wiederum von der Umwelt beeinflusst werden können.
➢ Es geht darum, durch die Wahl geeigneter Handlungen einen wünschenswerten Zustand herbeizuführen.
➢ Aus der Diskrepanz zwischen dem gegebenen Zustand und dem angestrebten Zustand resultiert die Handlung.
➢ Handlungen werden durch das Entscheidungsfeld mitbestimmt: Durch die zur Verfügung stehenden Handlungsweisen, das Verhaltensrepertoire, die Alternativen, die Ressourcen, die bestehenden Regeln und nachfolgenden Konsequenzen.

Die Choice-Theorie von Glasser (1998) und die Wahrnehmungskontrolltheorie von Powers (1973, 1998) enthalten dazu konkrete Aussagen, die pädagogisch umgesetzt werden können. Glasser und Powers sehen das Gehirn als ein Kontrollsystem an, das in seiner Arbeitsweise mit einem Thermostaten verglichen werden kann. So wie ein Thermostat die Wärme in Abstimmung mit der Außentemperatur reguliert, so bestimmt und kontrolliert das Gehirn eines Menschen dessen Verhalten in Abstimmung mit der Außenwelt und wirkt damit auch wieder auf die Umgebung ein. Sowohl Glasser als auch Powers betonen, dass Verhalten (Handlung) zweckgerichtet ist.

> **»All behavior is purposeful.«**
> (Powers 1973)

Während Glasser jedoch eher die Bedürfnisse eines Menschen betont, die eine Handlung in Gang setzen, misst Powers eher der Wahrnehmung die größere Bedeutung bei.

> **»It's all perception.«**
> (Powers 1998)

Er beruft sich dabei auf ein kybernetisches Modell, das auf einem geschlossenen Regelkreis basiert und betont die in ihm wirkenden Rückkoppelungsprozesse und zirkulären Feed-back-Schleifen. Nach Powers bringen weder die inneren Antriebe allein noch die äußeren Reize allein Handlungen hervor, sondern sowohl die einen als auch die anderen in einer komplexen kausalen und zirkulären Verursachungsabfolge. Verhalten ist nicht nur eine Funktion von einem äußeren Reiz, sondern von Reiz und Ziel zugleich. Nach Powers ist Verhalten Wahrnehmungskontrolle.

> **»Behavior is perceptual control.«**
> (Powers 1998)

Verhalten stellt nicht eine *Reaktion* auf die Umwelt dar, sondern ist das Ergebnis von Impulsen zur *subjektiven Veränderung* der Umwelt, sodass sie den Bedürfnissen und Wünschen einer bestimmten Person entspricht.

> **»Wahrnehmung ist die Folge des Verhaltens.«**
> (Richards/v. Glasersfeld 1987)

Verhalten wird geändert, um das zu modifizieren, was wahrgenommen wird. Verhalten ist Wunsch- oder auch Zielerfüllung. Handlung wird dann in Gang gesetzt, wenn es eine Diskrepanz gibt zwischen dem, was wir wahrnehmen und dem, was wir wahrnehmen wollen.

> **Handlung ist Wunscherfüllung.**

Auf einen Blick: Wie wird Verhalten hervorgebracht?

Die den klassischen Behavioristen nachfolgenden Verhaltensforscher haben sich von der kausalen Beziehung zwischen Umwelt und Person abgewandt und betonen die *wechselseitige* Beziehung in der Person-Umwelt-Einflussnahme. Aus der ursprünglich linearen Beziehung zwischen Person und Umwelt wurde allmählich eine interaktive bis hin zur zirkulären Beziehung. Es besteht eine gemeinsame Tendenz, die Eigenständigkeit und damit auch die Eigenverantwortung des Menschen, was die Übernahme von Verhaltensweisen in das eigene Repertoire anbetrifft, zu sehen. Im Mittelpunkt der Wahrnehmungskontrolltheorie steht die Aussage, dass Verhalten Wahrnehmungskontrolle ist, d. h. die Wahrnehmung steuert bzw. kontrolliert.

2. Warum Schülerinnen und Schüler stören

Verhalten macht Sinn

Peter möchte Marias Aufmerksamkeit

Ein alltägliches Beispiel aus der Schulpraxis soll den Zusammenhang zwischen Wahrnehmung und Verhalten verdeutlichen: Peter möchte im Unterricht die Aufmerksamkeit eines Mädchens haben, nennen wir es Maria. Was könnte er tun? Er könnte z. B. einen Brief zu Maria hinüberwerfen, oder er könnte irgendetwas Lustiges sagen, um Maria zum Lachen zu bringen. Was er letztlich tut, ist für ihn von sekundärer Bedeutung, er entscheidet spontan und aus dem Augenblick heraus. Er handelt, um sein persönliches Ziel zu erreichen, nämlich Maria zu imponieren (s. Abb. 3).

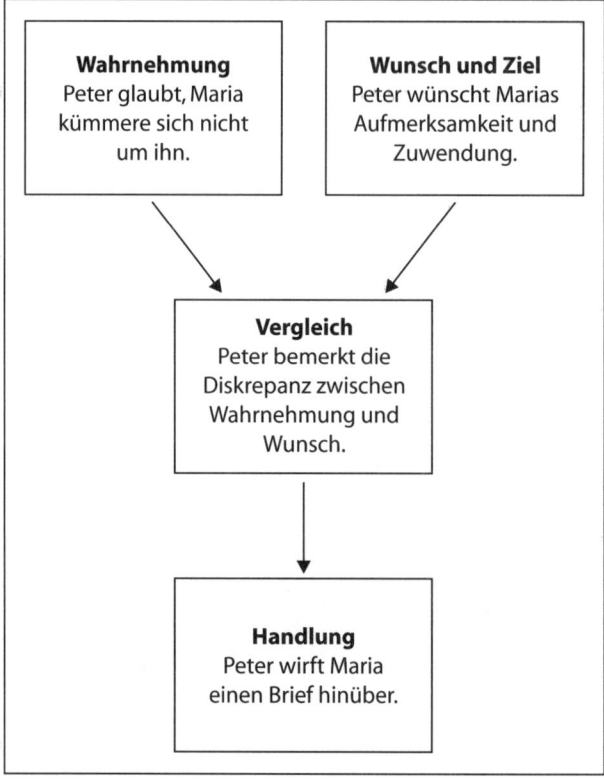

Abb. 3: Wahrnehmung, Wunsch, Vergleich und Handlung

Peter handelt, indem er Maria einen Brief hinüberwirft. Maria lächelt Peter zu, nachdem sie den Brief erhalten und gelesen hat. Peters momentaner Wunsch ist erfüllt, er besitzt Marias Aufmerksamkeit und Zuwendung und damit hat er durch seine Handlung sein Ziel erreicht.

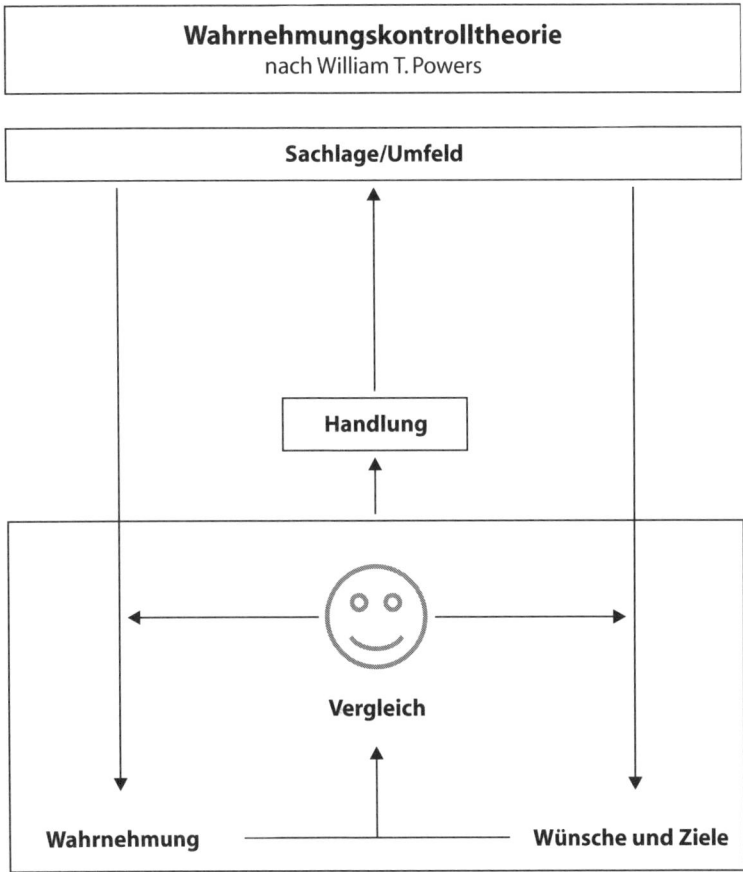

Abb. 4; KV 1: Die Wahrnehmungskontrolltheorie: Vergleich zwischen Wahrnehmung und Wunsch

Abbildung 4 verdeutlicht die Grundidee der Wahrnehmungskontrolltheorie. Alle Menschen – genau wie Peter im Klassenzimmer – kontrollieren ständig ihre Wahrnehmungen, d. h. sie vergleichen permanent das, was sie sehen, mit dem, was sie sehen wollen. Stimmt ihre Wahrnehmung mit ihren Wünschen überein, dann sind sie zufrieden und handeln nicht. Besteht jedoch keine Übereinstimmung, dann handeln sie, um eben diese Übereinstimmung herzustellen. Das heißt mit anderen Worten: Menschen handeln immer dann – und nur dann – wenn ihre Wünsche nicht mit ihren Zielen übereinstimmen (Abb. 5).

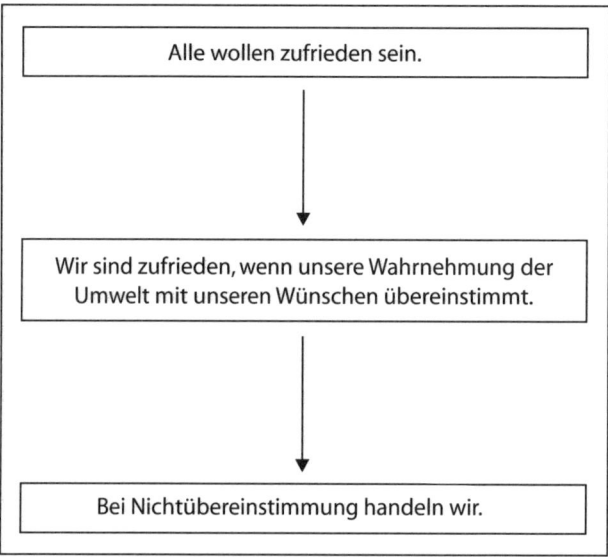

Abb. 5: Zufriedenheit bei Übereinstimmung von Wahrnehmung und Wunsch. Handlung nur bei Nichtübereinstimmung

Menschen handeln, damit ihre Wünsche in Erfüllung gehen. Ihre Handlungen haben für sie persönlich einen Sinn.

> **»We act to make our wants come true.«**
> (Powers 1998)

In einer Klasse sind viele Schülerinnen und Schüler und noch dazu der Lehrer oder die Lehrerin. Alle verfügen über eigene Wünsche und Ziele, die sehr unterschiedlich sind und je nach Situation auch wechseln können. Störungen sind also fast zwangsläufig vorprogrammiert und treten dann auf, wenn das eigene Verhalten nicht durch eigene Regelverpflichtungen und durch Verantwortungsbewusstsein kanalisiert wird (Ford 1979).

Abbildung 6 verdeutlicht noch einmal das verantwortliche Denken: Schülerinnen und Schüler sollen in der Lage sein, die Verwirklichung ihrer Wünsche und Ziele in Relation zu denen ihrer Klassenkameraden und Lehrer zu sehen. Sie sollten stets prüfen können, ob ihre Handlungen angemessen und situationsgerecht sind, d.h. im Einklang mit den Regeln in ihrem Umfeld stehen und so durch selbstbestimmtes Handeln ihre Wahrnehmung mit ihren Wünschen und Zielen in Übereinstimmung zu bringen. Miller (1999) unterstreicht, wie wichtig es ist, dass Schülerinnen und

Schüler lernen, mit ihren Bedürfnissen und Wünschen und den daraus resultierenden Handlungen verantwortungsvoll umzugehen. Das kann für sie bedeuten, dass sie je nach Situation auch manchmal auf Wünsche verzichten müssen. Wenn Handlungen auf Entscheidungen beruhen, die mehr oder weniger bewusst und häufig gewohnheitsmäßig und ohne nachzudenken ablaufen, dann geht es in der Schule darum, Schülerinnen und Schüler zu verantwortungsvollem und reflexivem Handeln zu erziehen. Sie sollen lernen, ihre Entscheidungen bewusster und unter Abwägung der Konsequenzen zu treffen.

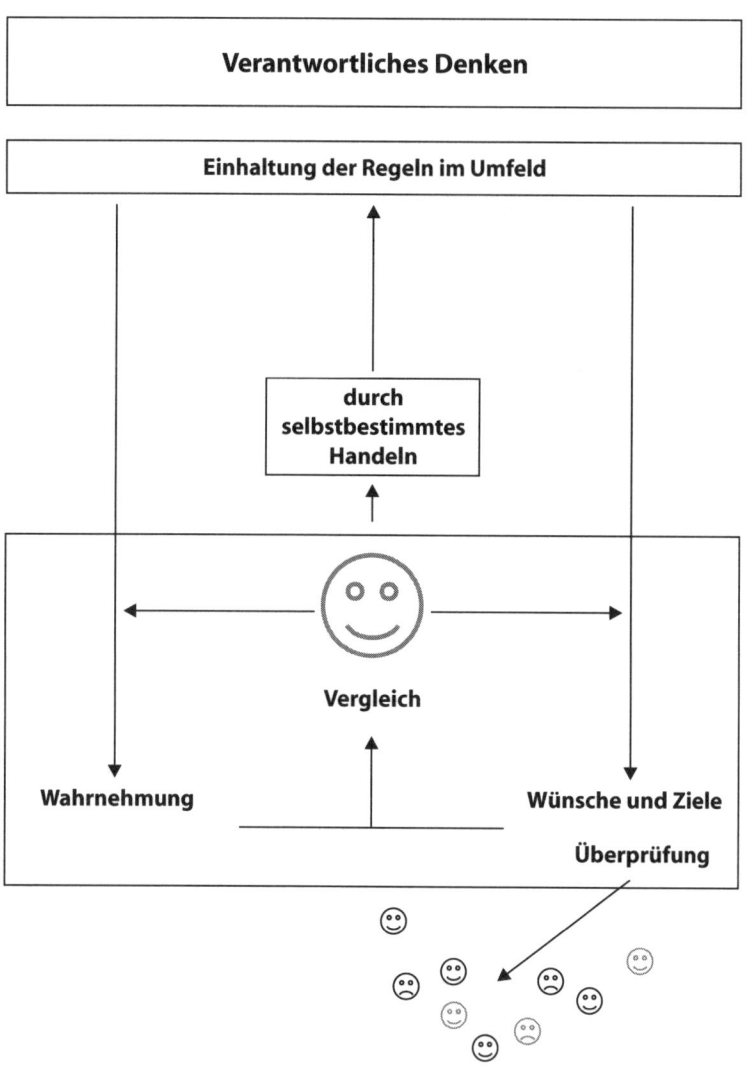

Abb. 6; KV 2: Verantwortliches Denken

Gewinn und Nutzen

Menschen verhalten sich nicht einfach willkürlich (Kliebisch 1998), sondern ihr Verhalten hat für sie stets einen persönlichen Gewinn oder Nutzen. Dies trifft auch auf Störverhalten im Unterricht zu. Welchen Nutzen haben Schülerinnen und Schüler, wenn sie stören? Kliebisch unterscheidet dabei zwischen primärem und sekundärem Nutzen, wobei der primäre oft in der Kommunikation mit anderen liegt, in einer Reduktion von Langeweile oder einfach nur in Ablenkung. Der sekundäre Nutzen ist nicht immer vom primären zu unterscheiden. Er kann in der Zuwendung liegen, die Schüler dann von ihren Lehrern erfahren, wenn sie stören, denn selbst Ermahnungen, Tadel und andere Formen von Zurechtweisungen stellen für manche Schülerinnen und Schüler Formen der Zuwendung dar.

Primärer und sekundärer Nutzen erhalten das Verhalten aufrecht.

Ein weiterer sekundärer Nutzen kann auch im Imagegewinn liegen, den Schülerinnen und Schüler durch ihr Störverhalten bei ihren Klassenkameraden erfahren. Sie reißen einen Witz, die ganze Klasse lacht, sie machen eine freche Bemerkung und setzen sich über Anweisungen der Lehrer hinweg. Sie erscheinen cool und souverän, dafür werden sie bewundert und erhalten von Gleichaltrigen Anerkennung. Sowohl der primäre als auch der sekundäre Gewinn halten sie davon ab, das störende Verhalten aufzugeben. Eventuell könnte die gute Beziehung zum Lehrer oder zur Lehrerin einen höheren Wert für sie darstellen, also einen höheren Nutzen darstellen, sodass sie bei Ermahnungen das Störverhalten aufgeben. Dies ist jedoch nicht immer der Fall.

Wann sind Schülerinnen und Schüler bereit, ihr Störverhalten aufzugeben?

Mit Druck bzw. Gewalt ändern sie eventuell kurzfristig ihr Verhalten, aber langfristig ändern sie es nur dann, wenn sie es selbst wollen. Allenfalls würde ein persönlicher Leidensdruck sie dahin bringen, ihr Störverhalten aufzugeben, aber diesen spüren die meisten Schülerinnen und Schüler nicht, solange der primäre und sekundäre Nutzen vorherrschend ist. Primärer und sekundärer Nutzen stellen die Vorteile dar, Ermahnungen der Lehrerinnen und Lehrer die Nachteile, die in Kauf genommen werden. Schülerinnen und Schüler werden ihr störendes Verhalten erst dann aufgeben, wenn sie spüren, dass sie langfristig keinen Gewinn aus ihrem Verhalten erzielen. Hier könnten Lehrerinnen und Lehrer ansetzen und mit Schülerinnen und Schülern über die möglichen Konsequenzen ihres störenden Verhaltens sprechen und vor allem über die Vorteile, die andere Verhaltensweisen mit sich bringen. Erst wenn sie den »tiefer liegenden Sinn der so unsinnig wirkenden Verhaltensstörung verstanden haben« und die Schülerinnen und Schüler zu einer »angemessenen Bewältigung« ihrer »sozialen wie kognitiven Anforderungen befähigt werden«, kann die Störung aufgegeben werden (Gerspach 1998, S. 11).

Kliebisch (1998, S. 11) bringt einen interessanten Ansatz, der dem Neurolinguistischen Programmieren entnommen ist und in manchen Punkten Ähnlichkeit mit dem Programm zur Stärkung der Eigenverantwortung hat. Sein Fokus liegt darin, zwischen Verhalten und Absicht zu trennen, um dann ein »Reframing« vorzunehmen bzw. die Schülerinnen und Schüler eine andere Sichtweise einnehmen zu lassen.

Zwischen Absicht und Verhalten trennen.

»Reframing« bedeutet, der Wahrnehmung der Realität eine andere Deutung zu geben. So können die Konsequenzen einer Störung entweder positiv oder auch negativ für einen selbst gesehen werden, genauso wie ein Glas Wasser als halb voll (positiv) oder halb leer (negativ) betrachtet werden kann. Letzteres hätte zur Folge, dass Wasser nachgefüllt werden, dass also gehandelt werden müsste. »Reframing« heißt, den Gefühlszustand des Betreffenden in Bezug auf eine Situation zu verändern und das Erleben ins Gegenteil zu verkehren. »Reframing« ist Voraussetzung für eine Verhaltensmodifikation (Kliebisch 1998, S. 13).

Zwischen Absicht und Verhalten zu trennen setzt ein Umdenken auf Seiten der Lehrer voraus sowie ein Unterbrechen des üblichen negativen Interpretationskreislaufs.

3. Ein anderes Verständnis von Störungen

Den Blickwinkel verändern

Abkehr von Interpretation und Abwertung

Die Wahrnehmung von Störungen ist subjektiv und sowohl interindividuell als auch intraindividuell sehr unterschiedlich. Es unterscheiden sich nicht nur Lehrerinnen und Lehrer untereinander, was ihre Störungsempfindlichkeit anbetrifft, sondern diese hängt auch von der jeweiligen Stimmung, der Tagesform, der Müdigkeit und der Gelassenheit der einzelnen Lehrer ab. Montags in der ersten Stunde reagieren Lehrerinnen und Lehrer meistens anders auf Störungen als freitags in der letzten Stunde. Störungswahrnehmungen sind auch von der jeweiligen Arbeitsmethode und vom Unterrichtsfach abhängig. Bei Gruppenunterricht, Freiarbeit bzw. offenem Unterricht wird oftmals ein anderer Lärmpegel toleriert als beim Frontalunterricht, Lehrervortrag oder Schülerreferat. Ungeachtet dieser inter- und intraindividuellen Toleranzunterschiede geschieht nach Müller-Fohrbrodt (1999) häufig im Unterricht Folgendes (Abb. 7):

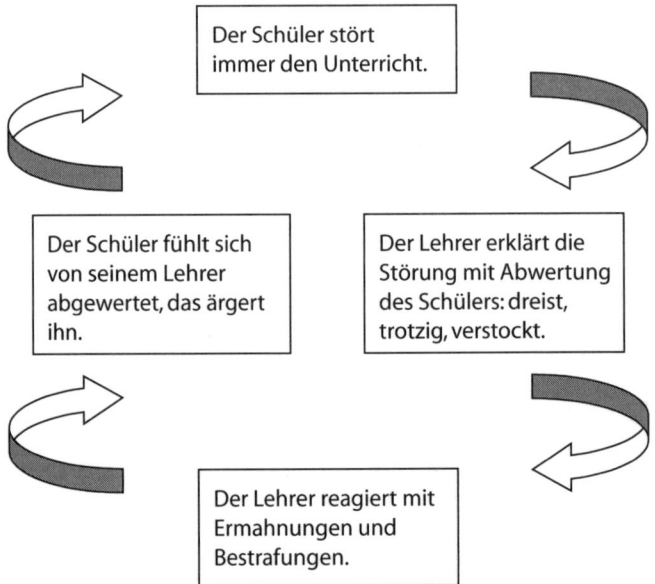

Abb. 7: Der negative Interaktionskreislauf

Abbildung 7 verdeutlicht den negativen Interaktionsablauf zwischen Lehrer und Schüler: Der Lehrer nimmt die wiederholte Störung des Schülers wahr, das ärgert ihn, er wertet den Schüler innerlich ab und reagiert obendrein mit Bestrafung. Dies führt wiederum beim Schüler zu einer Beeinträchtigung seines Selbstwertgefühls, was ihn ebenfalls ärgert, und so stört er weiter bzw. sieht keinen Anlass, sein Verhalten zu überdenken. Negative Annahmen über Schüler führen zu einer Stigmatisierung und zu einer »self-fulfilling-prophecy« (Struck 1992). Negative Zuschreibungsprozesse und Erwartungshaltungen von Lehrern führen oft zu genau den Verhaltensweisen, die von ihnen bemängelt werden.

Hinwendung zu einer offenen Ursachenannahme

Aus dem Teufelskreis der negativen Ursachenzuschreibung sollten Lehrerinnen und Lehrer herauskommen, den störenden Schüler nicht in seiner Persönlichkeit abwerten, sondern in der Störung eine Handlung sehen, für die sie im Moment zwar keine Erklärung finden können, aber dem störenden Schüler nachvollziehbare Gründe zubilligen. Er stört, weil er etwas bezwecken bzw. erreichen will.

> **»Der Schüler stört, weil ihn etwas zum Störer macht.«**
> (Miller 2000, S. 37)

Sowohl in Abbildung 7 als auch in Abbildung 8 nimmt der Lehrer die Störung wahr. Die Wahrnehmung der Störung ist eine Grundvoraussetzung für das nachfolgende Verhalten des Lehrers. In Abbildung 8 versucht der Lehrer zu verstehen und herauszufinden, was der Schüler beabsichtigte. Störungen (ebenso wie Nicht-Störungen) sind »offene oder verdeckte Botschaften«, die entschlüsselt werden müssen. Im Idealfall müssten Lehrerinnen und Lehrer nun gemeinsam mit dem störenden Schüler herausfinden, welche Intention seinem Verhalten zu Grunde lag und mit ihm einen Weg zur Vermeidung der Störung suchen, sodass dieser sich verstanden fühlt und bereit ist, sein Verhalten zu kontrollieren und nicht störende Verhaltensweisen zu zeigen. Dies ist jedoch im Unterricht nicht möglich, denn dazu müssten die Lehrerinnen und Lehrer ihren Unterricht unterbrechen, und andere Schülerinnen und Schüler würden nicht zu ihrem Recht kommen (Abb. 8) (zit. nach Miller 2000).

Die Ursachenannahme von Lehrerinnen und Lehrern sollte offen sein (Abb. 8).

Der Schüler stört
immer den Unterricht.

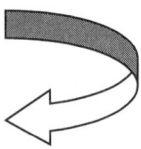

Der Schüler fühlt sich
verstanden und ernst
genommen.

Der Lehrer unterstellt,
dass es nachvollziehbare
Gründe für die Störung
gibt und bemüht sich,
diese zu verstehen.

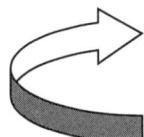

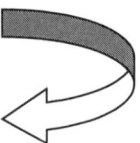

Der Lehrer versucht, gemeinsam mit dem
Schüler einen Weg zur Vermeidung der
Störung zu finden.

Der Schüler zeigt neue nicht störende
Verhaltensweisen, die er versucht,
bewusst in sein Verhaltensrepertoire
aufzunehmen.

Abb. 8: Offene Ursachenannahme (Quelle: Müller-Fohrbrodt, 1999, S. 93)

Die Umdeutung von Störungen

➢ Störungen (ebenso wie Nicht-Störungen) sind offene oder verdeckte Botschaften.

➢ Es gibt keine »objektiven« Störungen, sie sind immer Deutungen von Personen.

➢ Es gibt jedoch Übereinkünfte, Konventionen, Regeln, von denen aus betrachtet bestimmte Verhaltensweisen Störungen sind.

➢ Der Schüler stört, weil ihn »etwas« zum Störer macht.

➢ Der Schüler stört, weil er etwas bezwecken bzw. erreichen will.

➢ Wenn Störungen Botschaften sind, gilt es, diese zu entschlüsseln.

➢ Für »Störenfriede« steht ein besonderer Raum und ein in Gesprächsführung trainierter Lehrer zur Verfügung.

➢ Diejenigen, die lernen wollen, müssen störungsfrei lernen können.

Quelle: Miller 2000, S. 37ff

Verhalten wahrnehmen, Verhalten reflektieren, Verhalten ändern

Die Wahrnehmung der Störung durch den Lehrer und seine darauf folgende Reaktion erfolgen im Unterricht. Er versucht, dem Schüler bewusst zu machen, dass seine Handlung eine Störung darstellt und lässt ihn die Regel benennen, gegen die er verstoßen hat. Er stellt ihn vor eine Entscheidung: Zu bleiben und weiter am Unterricht teilzunehmen, ohne zu stören oder aber in den Trainingsraum zu gehen, in dem ein Lehrer bzw. eine Lehrerin in aller Ruhe sein Störungsverhalten mit ihm bespricht. Die Reflektion über sein Verhalten sowie der Versuch, ihn zu einer Änderung seines Verhaltens zu motivieren, erfolgen im Trainingsraum.

Der Trainingsraum ist der passende Ort, in den störende Schülerinnen und Schüler gehen *können*, die sich nicht an Regeln halten können oder wollen. Dort haben sie Gelegenheit, mit Hilfe und Unterstützung einer Trainingsraumlehrerin oder eines -lehrers über ihr bisheriges Verhalten nachzudenken und Ideen für alternatives Verhalten zu finden. In den Trainingsraum gehen Schülerinnen und Schüler, die sich dazu selbst entschieden haben, und zwar entweder nach einer 1. Störung oder nach einer 2. Störung. In jedem Fall findet eine Entscheidung statt. Das Ziel des Trainingsraumes heißt Förderung und Hilfe. Es wird angestrebt, das Schülerbewusstsein für Regeln, Regeleinhaltung und Regelverletzung zu stärken und sie zu verantwortlichem Handeln zu motivieren.

4. Eigenverantwortlich denken und handeln

Was heißt überhaupt Eigenverantwortung?

Die Grundidee von Eigenverantwortung

Grundsätzlich gilt, dass jeder Mensch nur für sein eigenes Tun Verantwortung trägt.

> **Jeder ist nur für sein eigenes Tun verantwortlich.**

Das gilt nicht nur für die Familie und die Schule, sondern auch für den gesamten gesellschaftlichen Bereich. Keiner kann für das Verhalten anderer zur Verantwortung gezogen werden. Wohl aber besteht eine Haftungspflicht von Eltern für das Handeln ihrer Kinder, wenn sie ihre Aufsichtspflicht verletzt haben. Haftungspflicht und Verletzung der Sorgfaltspflicht Erwachsener für das Handeln Minderjähriger hängen eng zusammen. Dies gilt auch für den Schulbereich. Doch niemand kann einem Lehrer die Verantwortung für das Handeln seiner Schüler übertragen und damit das Handeln der Schüler entschuldigen. Der Lehrer ist auch nicht für das Lernen seiner Schüler verantwortlich. Vor ihm sitzen täglich 25–30 unterschiedlich Lernende, unterschiedlich Interessierte, unterschiedliche Lerntypen, schnell und langsam Lernende, Schülerinnen und Schüler, die lernen wollen und einige, die keine Lust dazu haben (Miller 1999).

> **»Lehren ist ›Aussenden‹, aber noch lange nicht,**
> **›genauso Ankommen‹.«**
> (Miller 2000, S. 13)

Alle Menschen haben Ziele, die sie erreichen möchten: Lehrerinnen und Lehrer haben Ziele, die sie zum einen für sich selbst aufstellen (einen guten Unterricht gestalten, gut vorbereitet sein, einen guten Kontakt zu den Schülerinnen und Schüler herstellen) und die zum anderen mit Wünschen an die Schüler verbunden sind (dass sie gut mitarbeiten, motiviert sind, Interesse zeigen). Lehrerinnen und Lehrer können jedoch nur ihre eigenen Ziele erreichen. Ob die Schüler und Schülerinnen ihren Wünschen entsprechen, was sie vom Lehrerangebot annehmen oder ablehnen, liegt einzig in deren Verantwortung (Miller 2000).

Die Grundidee von Eigenverantwortlichkeit

➤ Lehrerinnen und Lehrer und Schülerinnen und Schüler tragen Verantwortung nur für ihr eigenes Tun.

➤ Die Lehrerinnen und Lehrer sind für das Lehren verantwortlich und für das, was sie »aussenden«, nicht für das, was ankommt und was die Schüler daraus machen.

➤ Die Schülerinnen und Schüler sind für das Lernen verantwortlich. Lernen ist Selbstorganisation.

➤ Beide, Lehrerinnen und Lehrer und Schülerinnen und Schüler, müssen Abschied nehmen von der Meinung, sie könnten den anderen mit Druck verändern: Druck erzeugt Gegendruck.

Der Grundgedanke der Eigenverantwortung (KV 3) kommt sehr gut in folgenden Gedanken Ruth Cohns, der Therapeutin der Themenzentrierten Interaktion, zum Ausdruck, da sie den Fokus auf die Eigenaktivität der Person legt und jegliche Schuldzuweisung auf Personen, Dinge oder Umstände vermeidet (zit. nach Miller 2000, S. 41).

Ruth Cohn: Betonung der Eigenaktivität

➤ Was mache ich mit **mir,** wenn die **anderen** nicht so sind, wie ich sie haben möchte?

➤ Was mache ich mit **mir,** wenn die **Dinge** nicht so sind, wie ich sie haben möchte?

➤ Was mache ich mit **mir,** wenn die **Umstände** nicht so sind, wie ich sie haben möchte?

Strategien zur Vermeidung von Verantwortung

In Familie und Schule ist es bei manchen Schülerinnen und Schüler gängige Praxis, die Verantwortung für ihre Leistungen, ihr Verhalten und Betragen und auf andere abzuwälzen. Bezeichnend und bekannt ist dieser Spruch:

»Geschieht meiner Mutter recht, wenn mir die Hände erfrieren, warum gibt sie mir keine Handschuhe!«

Viele Schülerinnen und Schüler sind es nicht gewohnt, eigenverantwortlich zu handeln, sondern sie haben stattdessen Strategien zur Vermeidung von Eigenverantwortung entwickelt.

Strategien zur Vermeidung von Eigenverantwortung	
»Das wollte ich ja gar nicht!«	➢ Sie verdrängen damit bewusst oder unbewusst gleich nach der Störung den eigenen Vorsatz.
»Der hat angefangen!«	➢ Sie entlasten sich, indem sie andere beschuldigen.
»Alle anderen machen doch dasselbe!«	➢ Ihre Moral bröckelt ab und sie beruhigen sich mit dem Gedanken, dass, wenn alle dasselbe machen, es nicht falsch sein kann.
»Wir waren alle dabei!«	➢ Die Verantwortung wird geteilt.
»Jemand hat vorher dasselbe mit mir gemacht!«	➢ Eigenes Handeln wird mit Handlungen anderer gerechtfertigt.
»Er hat es verdient!«	➢ Die eigene Handlung wird mit Vergeltungsdrang begründet.
»Ich musste es tun, sonst hätte ich das Gesicht verloren!«	➢ Eine Zwangslage wird mit Gruppendruck entschuldigt und begründet.
Quelle: Aus Redl und Wineman (1984)	

Viele Schüler scheuen sich nicht, selbst in eindeutigen Situationen, ihr Handeln entweder abzustreiten oder die Verantwortung auf andere zu schieben und damit ihr Verhalten zu rechtfertigen (Abb. 9).

Abb. 9: Quelle: modifiziert nach Lapointe und Laurendeau 1989, S. 24

So auch dieser Junge, der fluchtartig das Klassenzimmer, das er verwüstet hat, durch das Fenster verlässt, mit dem Hinweis, dass es ja die Aufgabe des Lehrers sei, ihn zu erziehen.

Erziehung gehört zwar mit zur Aufgabe des Lehrers, aber nicht so, wie obiger Schüler in Abbildung 9 es gemeint hat. Der Lehrer kann sich bemühen, seinen Unterricht nach bestem Wissen und Gewissen zu gestalten und mit den Schülern Regeln des Zusammenlebens aufstellen. Er kann versuchen, durch eigenes Verhalten Werte zu vermitteln, Freundlichkeit, Höflichkeit und Respekt im Umgang mit ihnen zu verwirklichen. Aber er ist nicht für das Verhalten des Schülers verantwortlich, sondern wiederum nur für sein eigenes, und das umfasst nur das, was *er* tun kann und nicht das, was andere tun bzw. nicht tun.

> **Erziehung heißt aus der Abhängigkeit hin zur Selbstständigkeit und Eigenverantwortung führen.**
> (Miller 2000)

Selbst bei Interventionsgesprächen (s. Kapitel 9), wenn die Schülerinnen und Schüler gemeinsam mit den Eltern zur Schule kommen, weisen sie noch manchmal jede Verantwortung von sich (Abb. 10).

Abb. 10: Quelle unbekannt, verändert

Bei Betrachtung der Abbildungen 9 und 10 wird deutlich, wie grotesk die Rechtfertigungen der beiden Schüler sind, denn nicht der Lehrer oder die Mutter sind für ihr jeweiliges Verhalten verantwortlich, sondern die beiden Schüler selbst. Sie machen es sich leicht, die Verantwortung für ihr Verhalten auf Lehrer und Mutter zu schieben und bedenken dabei nicht, dass *sie* und nur *sie selbst* für ihr Handeln verantwortlich sind.

Die Verantwortung des Schülers

Schüler und Schülerinnen sind für ihr Verhalten in der Schule selbst verantwortlich, und zwar sowohl für ihr soziales Verhalten als auch für ihr Lernverhalten. Lernen ist Selbstorganisation, Selbstbewegung und Eigengestaltung. Es schließt kreative Lern- und Lösungsstrategien, auch Umwege, Sonderwege und auch Prinzipien des »trial and error« mit ein. Lehrer und Lehrerinnen können ihnen zwar Hilfestellung geben, Lerntechniken vermitteln, aber ob die Schüler diese Hilfen annehmen, liegt nicht in ihrer Hand. Lehrer können Schülern das Lernen selbst nicht abnehmen. Alle Lernschritte unterliegen der Eigenverantwortung der Schüler. Sie selbst entscheiden, welche Lösungswege sie wählen, und für falsche Lösungen können sie niemanden als sich selbst verantwortlich machen. Die Verantwortung der Schüler liegt darin, ihre eigenen Bildungsziele zu formulieren und ihre eigenen Lernleistungen zu bewerten und bei Bedarf ihre Anstrengungsbereitschaft zu erhöhen und ihr schulisches Engagement zu vergrößern. Ob sie ihre Hausaufgaben machen, sich auf Klassenarbeiten vorbereiten, unterliegt allein ihrer Verantwortung, die ihnen niemand abnehmen kann.

Eigenverantwortung heißt für Schülerinnen und Schüler zu lernen, mit inneren Wünschen und Antrieben und den daraus erfolgenden Reaktionen angemessen umzugehen.

> **Die Verantwortung für das eigene Tun liegt beim Schüler selbst.**

Die Verantwortung des Lehrers

Lehrerinnen und Lehrer sind für das Lehren verantwortlich. Darunter ist nicht nur das Bemühen um einen guten didaktischen und methodischen Unterricht zu verstehen, sondern auch das Bemühen, ein gutes Klassenklima und gute Beziehungen zum Schüler herzustellen. Unterricht ist erziehender Unterricht. Unterricht ist nie nur Fachunterricht, Methodik und Fachdidaktik, sondern immer zugleich auch Erziehung. Der erzieherische Einfluss des Lehrers liegt im positiven Kontakt zu seinem Schüler, in dem Bemühen, eine gute Beziehung zu ihm aufzubauen und in seinem

Vorbildverhalten. Dazu gehört vor allem ein respektvoller Umgang mit den Schülerinnen und Schülern. Erziehender Unterricht hat das Ziel, im Schüler Einstellungen, Fähigkeiten und Fertigkeiten hervorzubringen, die nicht nur seine kognitiven, sondern auch seine emotionalen und seine sozialen Kompetenzen stärken. Diese liegen vor allem in der Rücksichtnahme auf andere und in der Verantwortungsübernahme für eigenes Handeln. Diejenigen, die lernen wollen, müssen störungsfrei lernen können, und diejenigen, die wiederholt stören, brauchen Hilfe und Unterstützung.

Erziehung stellt einen Langzeitprozess dar. Erziehungsziele sind nicht von heute auf morgen zu erreichen, sondern nur im ständigen Dialog und Kontakt mit den Schülerinnen und Schülern. Dazu bedarf es einer dialogischen Grundhaltung des Lehrers. Erziehungsdefizite der Schüler werden von Lehrerinnen und Lehrer oft als Störungen wahrgenommen, die sie am liebsten sofort beseitigen möchten. Dass dies nicht möglich ist, erfahren sie jedoch sehr schnell. Schülerinnen und Schüler benötigen Zeit und vor allem das Vertrauen der Lehrerinnen und Lehrer in ihre Fähigkeiten, Lern- und Verhaltensfortschritte zu machen. Aus Lehrersicht (Klassen/Fachlehrer oder auch Trainingsraumlehrer) und aus Schülersicht (im Klassenzimmer und/oder im Trainingsraum) stellt sich das Programm folgendermaßen dar:

Das Programm aus Lehrer- und aus Schülersicht	
Lehrersicht	**Schülersicht**
➢ Ich nehme dein Störverhalten wahr.	➢ Ich störe, werde aber nicht abgelehnt.
➢ Ich weise dich auf die Folgen deines Tuns hin.	➢ Ich kann die Konsequenzen überdenken.
➢ Ich frage dich, was du möchtest.	➢ Ich kann mich entscheiden.
➢ Ich lasse dich entscheiden.	➢ Ich bin selbst verantwortlich.
➢ Ich spreche mit dir über die Regeln.	➢ Es gibt mich und andere. Wir haben dieselben Rechte und Pflichten.
➢ Ich gebe dir Zeit und helfe dir, den Plan zu erstellen.	➢ Ich werde nicht allein gelassen.
➢ Ich begleite dich auf deinem Veränderungsweg.	➢ Ich werde unterstützt.

> **Gut Ding hat Weile! Beim Erziehen keine Eile!**
> Miller 1999, S. 35

Rechte und Pflichten von Lehrern und Schülern

Verantwortungsübernahme bedeutet auch Anerkennung des Gebots, dass Lehrer und Schüler sowohl Rechte als auch Pflichten haben.

> **Jeder Lehrer und jede Lehrerin hat das Recht, ungestört zu unterrichten und die Pflicht, für einen guten Unterricht zu sorgen.**
>
> **Jeder Schüler und jede Schülerin hat das Recht, guten Unterricht zu bekommen und die Pflicht, für einen störungsfreien Unterricht zu sorgen.**
>
> **Alle müssen die Rechte der anderen akzeptieren und ihre Pflichten erfüllen.**

Die Rechte und Pflichten von Lehrern und Schülern sind in etwa gleich verteilt. Die Verpflichtung zum guten Unterricht wird zwar von den Lehrerinnen und Lehrern gefordert, jedoch in diesem Programm nicht eigens überprüft. Unterrichtsstörungen von Schülerinnen und Schülern können zwar durch Lehrerinnen und Lehrer, die unvorbereitet in die Klasse kommen, sich neuen didaktischen und methodischen Erkenntnissen verschließen und ihren Unterricht eher desinteressiert und gelangweilt durchführen, provoziert und verstärkt, jedoch nicht damit entschuldigt werden. Schülerinnen und Schüler haben bei Langeweile oder Frust immer auch noch andere Handlungsmöglichkeiten zur Verfügung. Sie müssen nicht zwingend stören. Im Programm zur Stärkung der Eigenverantwortung von Schülerinnen und Schülern liegt der Fokus auf dem Lernprozess von Schülerinnen und Schülern, der darin besteht, eigenes Verhalten nicht mit dem Verhalten anderer zu begründen.

Dennoch stellen schlechter Unterricht und überforderte, eventuell auch inkompetente Lehrerinnen und Lehrer ein hohes Risiko dar, die Lernfreude und das Interesse zu zerstören sowie die Bereitschaft und die Motivation von Schülerinnen und Schülern, sich an Regeln zu halten. Die Unterrichtsqualität von Lehrerinnen und Lehrern muss durch andere Maßnahmen gesichert werden, wie z. B. Unterrichtsbesuche, Supervision, Evaluation und Feed-back-Gespräche mit Kolleginnen und Kollegen sowie auch mit Vorgesetzten. Es kann auch hier nur im dialogischen Prinzip die Motivation geweckt und an die Eigenverantwortung appelliert werden.

Ähnlich ist es bei den Schülerinnen und Schülern. Ihre Bereitschaft zu einer Verhaltensänderung kann nicht erzwungen, auch nicht mit Druck und Kontrolle herbeigeführt werden, sondern nur in Gesprächen geweckt und gefördert werden. Und eben diese Gespräche werden im Trainingsraum mit den Schülerinnen und Schülern geführt. Der Trainingsraum ist der Ort, an dem Zeit und Raum zur Verfügung stehen, um mit Schülerinnen und Schülern respektvoll zu sprechen und mit ihnen Handlungsalternativen zu erarbeiten.

Die Grundlage für verantwortungsbewusstes Denken und Handeln stellen die Regeln im Klassenraum dar, deren Einhaltung gefordert werden kann.

5. Regeln unterstützen das eigenverantwortliche Handeln

Welche Regeln sind notwendig?

Regeln bieten Orientierung

Regeln und Vereinbarungen sind wichtig und unerlässlich für das Zusammenleben in Familie und Schule. Regeln stecken den Rahmen für wünschenswertes Verhalten ab und geben den Schülern Orientierung und Sicherheit. Schülerinnen und Schüler möchten wissen, woran sie sind und was sie tun dürfen und unterlassen sollen. Regeln setzen zwar ihrem Verhalten Grenzen, dafür vermitteln sie jedoch innerhalb dieser Grenzen Klarheit und Zuverlässigkeit. Je nach Alter der Schüler werden die Grenzen weiter bzw. enger gesetzt, und dabei haben Schüler ein Mitspracherecht. Optimal ist es, wenn Lehrer und Schüler gemeinsam ihre Regeln des Zusammenlebens festlegen, und dafür sollten sie sich Zeit nehmen. Die meisten Schüler erkennen den Wert von Regeln an und haben die Bedeutung von Regeln schon in ihrer Kleinkindzeit als »Spielregeln« bei Brett- und Kartenspielen kennen gelernt. Sie wenden sie im Sport und im Freizeitbereich an, und so ist es für Lehrer keine Schwierigkeit, an ihre Erfahrungen anzuknüpfen und ihr Einverständnis dafür einzuholen, dass es auch im schulischen Bereich für das soziale Miteinander (Spiel)-Regeln geben muss.

Regeln des Zusammenlebens haben nicht nur für Schülerinnen und Schüler eine große Bedeutung, sondern auch für Lehrerinnen und Lehrer. Regeln ermöglichen, wenn sie denn eingehalten werden, einen weitgehend störungsfreien Unterricht. Wenn Regeln mit den Schülern aufgestellt worden sind, können sich Lehrer darauf berufen, auf die Regeln verweisen und bei Bedarf auch die Konsequenzen durchführen, die sie bei Regelverstößen angekündigt haben.

Vereinbarungen und Konsequenzen

Für die Formulierung von Regeln gibt es einige Grundsätze, die es zu beachten gilt. Regeln sollten:

- schülergerecht,
- in Ich-Form,
- kurz und prägnant,
- stets positiv formuliert sein und
- das wünschenswerte Verhalten beschreiben.

Regeln sollten keine Nicht-Aussagen enthalten, wie z. B. »Ich störe *nicht*«, denn dann wissen die Schüler immer noch nicht, was sie statt dessen tun sollen. Eine bessere Formulierung wäre: »Ich verhalte mich ruhig.« Die Einhaltung der Regeln sollte beobachtbar und kontrollierbar sein. Die Anzahl der Regeln sollte gering gehalten werden.

In vielen Familien gibt es entweder kaum Regeln oder zu viele Regeln oder Regeln, auf deren Einhaltung niemand konsequent achtet. Eine wichtige Bedingung für das Aufstellen von Regeln ist die Bereitschaft und Fähigkeit, für die Einhaltung der Regeln zu sorgen, und Konsequenzen anzukündigen, wenn Regeln nicht eingehalten werden. Lehrerinnen und Lehrer müssen sich also auch auf Konsequenzen einigen, die bei Regelverstößen folgen.

Doch zuvor sollte es einen Konsens im Kollegium darüber geben, auf welche Störungen sich die Regeln beziehen sollen. Bei diesem Punkt scheiden sich meistens schon die Geister. Was den einen Lehrer stört, stört den anderen überhaupt nicht. Der eine toleriert das Kauen von Kaugummi, der andere fühlt sich dadurch gestört. Wie ist es mit dem Aufsetzen von Baseballkappen? Auch dies ist ein Dauerbrenner der Meinungsverschiedenheit unter Lehrern. Es wäre schön, wenn Lehrerinnen und Lehrer eines Kollegiums sich auf einen Grundkanon von Störungen einigen könnten, die sie durch positive Regelformulierungen auf jeden Fall vermeiden wollen. Wie diese dann in Worte gefasst werden, ob noch einige dazu kommen oder einige weggelassen werden können, das würden die Lehrer dann individuell mit den Schülerinnen und Schülern ihrer Klasse besprechen. Folgender Regelkanon hat sich in vielen Schulen bewährt (KV 4).

Bewährte Regeln im Unterricht

➢ Ich höre zu, wenn andere sprechen.

➢ Ich melde mich und warte, bis ich aufgerufen werde.

➢ Ich passe im Unterricht auf und beteilige mich.

➢ Ich spreche und verhalte mich höflich.

➢ Ich gehe rücksichtsvoll mit anderen um.

➢ Ich achte das Eigentum anderer.

➢ Ich befolge die Anweisungen meiner Lehrerinnen und Lehrer.

Es ist günstig, wenn die Regeln gut lesbar auf ein großes Plakat geschrieben, laminiert und dann in der Klasse aufgehängt werden. Es empfiehlt sich ebenfalls, die Eltern darüber zu informieren. Das Risiko, dass es in manchen Elternhäusern andere Regeln gibt als in der Schule und dass manche Regeln in Familie und Schule einander sogar widersprechen könnten (z.B. Ich gehe rücksichtsvoll mit anderen um), müssen Lehrerinnen und Lehrer eingehen, denn sie können den Erziehungsstil mancher Eltern nicht beeinflussen. Dies betrifft die Gewohnheit vieler Schüler, zurückzuschlagen, wenn sie selbst geschlagen werden. Sie berufen sich dann häufig auf ihre Väter, die ihnen dies angeblich sogar ausdrücklich vorschlagen würden (»Junge, schlag zurück«, »setz dich durch«, »lass dir nichts gefallen«). Es ist dann die Aufgabe der Lehrer, Schülern und Eltern klar zu machen, dass es in Elternhäusern und Schule unterschiedliche Regeln geben kann und dass jedoch die Regeln jeweils dort akzeptiert werden müssen, wo sie aufgestellt worden sind, d. h. Schulregeln gelten in der Schule und werden auch dort respektiert.

Regeln unterstützen das eigenverantwortliche Denken und Handeln

Wenn Schülerinnen und Schüler den Unterricht stören, sind sie sich meistens nicht bewusst, dass sie dabei die Rechte anderer verletzen. Sie wollen eigentlich immer nur spontan das erreichen, was sie gerade anstreben, ob dies nun darin besteht, die Aufmerksamkeit anderer Schüler zu erhalten, sich mit etwas anderem als den Unterrichtsinhalten zu beschäftigen oder den Lehrer zu ärgern. Die meisten Störungen entstehen jedoch nicht aus böser Absicht, sondern aus Gedankenlosigkeit darüber, dass das eigene Verhalten andere in ihren Rechten beeinträchtigen könnte. Diese Gedankenlosigkeit soll mit dem Programm des eigenverantwortlichen Denkens und Handelns aufgehoben und die Verantwortungsübernahme der Schüler für ihr Verhalten gestärkt, d. h. ihr Bewusstsein für die Notwendigkeit der Einhaltung von Regeln in der Schule wieder wachgerufen werden. Die Regeln sind ein integraler Bestandteil des Programms.

Verantwortlich zu denken, Entscheidungen zu treffen, darüber nachzudenken, was man eigentlich will und welches die Folgen des eigenen Tuns sind, dies sind die Ziele des Programms des eigenverantwortlichen Denkens und Handelns, das mit großem Erfolg bereits in vielen Schulen der Bundesrepublik Deutschlands eingeführt worden ist.

Das einheitliche Vorgehen von Lehrerinnen und Lehrern in ihrer Reaktion auf Regelverstöße hat mehrere Ziele:

- Reduzierung von Störungen.
- Entspannterer Umgang mit Störungen.
- Ruhigere und sachlichere Reaktion auf Störungen.
- Stressfreieres Unterrichten.
- Verbesserung der Unterrichtsqualität.

6. »Was machst du?«

Lehrerinnen und Lehrer reagieren auf Regelverstöße

Die fünf Fragen im Unterricht

Diese Ziele erreichen Lehrerinnen und Lehrer, indem sie anders als bisher auf Störungen reagieren. In dem Moment, wo sie sich gestört fühlen oder bemerken, dass andere Schüler sich gestört fühlen, rufen sie den störenden Schüler auf und fragen: »Was machst du?« Jetzt soll der Schüler sein Verhalten benennen, z. B. sagen: »Ich habe mit meinem Nachbarn gesprochen.« Dann fragt ihn der Lehrer, gegen welche Regel er verstoßen hat. Diese muss der Schüler dann benennen und kann dabei auf das in der Klasse hängende Plakat schauen. Wenn er die Regel benannt hat, fragt ihn der Lehrer danach, was geschieht, wenn er gegen eine der Regeln verstößt. Der Schüler weiß, dass er sich dann entscheiden kann, ob er in der Klasse bleiben oder gleich in den Trainingsraum gehen möchte. Der Lehrer fragt ihn nach seiner Entscheidung. Will der Schüler bleiben und weiter am Unterricht teilnehmen, stellt der Lehrer ihm noch eine letzte Frage, nämlich was dann passiert, wenn er wieder stört. Der Schüler antwortet, dass er dann sofort in den Trainingsraum geht, ohne dass ihm noch einmal die Fragen gestellt werden (KV 5).

Der Frageprozess
1. »Was machst du?«
2. »Wie lautet die Regel?«
3. »Was geschieht, wenn du gegen die Regel verstößt?«
4. »Wofür entscheidest du dich?«
5. »Wenn du wieder störst, was passiert dann?«

Die Fragen 1, 2 und 5 sind sehr wichtig und haben die größte Wirkung. Die Erfahrung zeigt, dass schon bei Frage 1 nicht nur der betreffende Schüler aufmerksam und ruhig wird, sondern meistens zugleich auch alle anderen Schülerinnen und Schüler der Klasse, denn sie wissen um die Konsequenzen. Es ist wichtig, den Schüler die Regel benennen zu lassen, gegen die er verstoßen hat, weil er sich oftmals keines Regelverstoßes bewusst ist und erst, wenn er den Regelverstoß nennt, dessen gewahr wird, dass sein Verhalten eine Störung darstellte. Die beiden Fragen 3 und 4 werden im Laufe der Erfahrung mit dem Programm häufig zu einer Frage zusammengezogen: »Möchtest du hier bleiben oder gehen?«

Bleiben oder Gehen.

Die Frage 5 ist äußerst wichtig, weil sie die Schülerinnen und Schüler daran erinnert, dass sie bei einer zweiten Störung den Klassenraum verlassen und in den Trainingsraum gehen. Bei einer zweiten Störung werden die Fragen 1–5 nicht mehr gestellt, sondern dann sagt der Lehrer nur noch: »Ich sehe, du hast dich entschieden, in den Trainingsraum zu gehen« oder »bitte geh in den Trainingsraum!«. Die Fragen 1, 2 und 5 sollten also in jedem Fall gestellt werden. Die Fragen 3 und 4 erübrigen sich manchmal schon durch die Frage 1, denn sehr oft lenken die Schüler schon bei dieser Frage ein und sagen: »O.K., ich mach wieder mit«. In der Einführungsphase des Programms und im Gewöhnungsprozess an die Fragen ist es jedoch wichtig, dass alle 5 Fragen gestellt und die Schülerinnen und Schüler auch immer wieder auf ihre Entscheidungsmöglichkeit hingewiesen werden. Kein Schüler wird in den Trainingsraum *geschickt*, denn in jedem Fall hat er sich zuvor durch sein Verhalten mehr oder weniger bewusst selbst dazu entschieden.

Es hat sich bewährt, die Lehrerinnen und Lehrer zu ermuntern, auch anders lautende Formulierungen zu benutzen und die Fragen im Rahmen des Frageprozesses auch individuell zu stellen.

Erweiterter Frageprozess	
1. »Was tust du gerade?«	»Beschreib einmal, was du gerade tust!« (Falls die Schülerinnen und Schüler sagen: »Wieso? Nichts!«, dann kann man sagen: »Ich sehe, dass du … machst«.)
2. »Wie lautet unsere Regel?«	»Gegen welche Regel verstößt du mit deinem Verhalten?«
3. »Was passiert, wenn du dich nicht an diese Regel hältst?«	»Weißt du noch, was wir vereinbart haben?«
4. »Wofür entscheidest du dich?«	»Was möchtest du? Möchtest du über dein Störverhalten nachdenken oder möchtest du dein Störverhalten aufgeben und in der Klasse bleiben? Du kannst dich jetzt entscheiden!«
5. »Und falls du doch wieder störst, was passiert dann?«	»Und wenn ich dich noch einmal ermahnen muss, was dann?«

Von großer Bedeutung ist, dass die Lehrerinnen und Lehrer die Fragen ohne Vorwurf und Drohung freundlich und in einem respektvollen Ton stellen. Damit ermöglichen sie den Schülern Selbstreflexion, die sich in vier Phasen aufteilen lässt (Palmowski 1996, S. 62):

- Von der Selbstbeobachtung zur Selbststeuerung.
- Von der Selbststeuerung zur Selbstkontrolle.
- Von der Selbstkontrolle zur Selbstverantwortung.
- Von der Selbstverantwortung zur Selbstveränderung.

Die Schülerinnen und Schüler können sich entscheiden

Bleiben oder gehen? Diese Frage macht einen Entscheidungsprozess notwendig. Die Schüler müssen entscheiden, was sie wollen: Am Unterricht teilnehmen ohne zu stören oder in den Trainingsraum gehen und über ihr Störverhalten nachdenken. Diese Entscheidung wird ihnen nicht abgenommen, und es wäre nicht im Sinne des Programms, sie einfach in den Trainingsraum zu *schicken,* ohne ihnen die Entscheidungsfrage gestellt zu haben. Eigenverantwortlich zu denken heißt auch, zu wissen, was man will, antizipatorisch zu denken und die Konsequenzen der Entscheidung zu berücksichtigen. Wenn der Schüler allerdings das zweite Mal stört, werden ihm keine Fragen mehr gestellt, denn nun kann der Lehrer davon ausgehen, dass der Schüler sich durch sein Handeln entschieden hat, in den Trainingsraum zu gehen, denn er wusste ja, was passieren würde, wenn er wieder stört. Die zweite Störung hat er dann mehr oder weniger bewusst in Kauf genommen und muss dann auch die Konsequenzen seines Tuns tragen.

Damit die Schülerinnen und Schüler die Fragen stets vor Augen haben und daran erinnert werden, dass sie sich entscheiden können, wird in jeder Klasse ein Klassenplakat aufgehängt, aus dem der Frageprozess noch einmal hervorgeht (Abb. 11).

Klassenplakat

Unterrichtsstörungen im Klassenraum

Wenn du im Unterricht gegen Klassenregeln verstößt, werden dir Fragen gestellt:

»Was tust du gerade?«

»Du kennst die Regeln der Klasse?«

»Wofür entscheidest du dich?«

»Möchtest du im Trainingsraum über dein Verhalten nachdenken oder möchtest du dein Störverhalten aufgeben und in der Klasse bleiben?«

Deine Entscheidung!

»Und falls du doch wieder störst, was passiert dann?«

Wenn du nach diesen Fragen noch einmal störst, hast du dich **durch diese Störung** entschieden, in den Trainingsraum zu gehen.

Denke daran:

Es ist deine Entscheidung, wo du sein möchtest!!!!!

Abb. 11; KV 6: Klassenplakat

Skeptische Fragen von Lehrerinnen und Lehrern und mögliche Antworten darauf

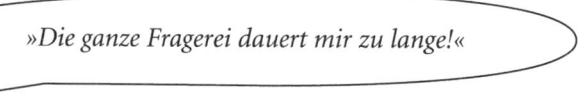

»Die ganze Fragerei dauert mir zu lange!«

»Irrtum! Schon die erste Frage bewirkt eine Beruhigung der gesamten Klasse und fast immer ein Einlenken des betroffenen Schülers.«

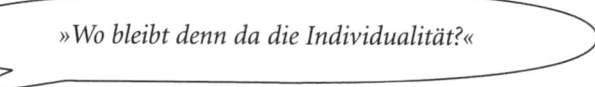

»Wo bleibt denn da die Individualität?«

»Sie bleibt bestehen! Sie können die Fragen so stellen, wie sie Ihrer Persönlichkeit entsprechen. Wichtig ist nur der ruhige und sachliche Ton.«

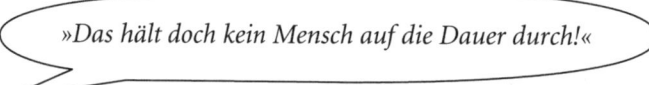

»Das hält doch kein Mensch auf die Dauer durch!«

»Doch, Sie halten es durch. Sie werden erfahren, wie angenehm es ist, eine Struktur zu haben, in der Sie auf Störungen reagieren. Sie brauchen nicht mehr zu schreien oder zu schimpfen, sondern nur noch respektvoll, aber auch bestimmt, den Schüler auf seine Störung hin anzusprechen.«

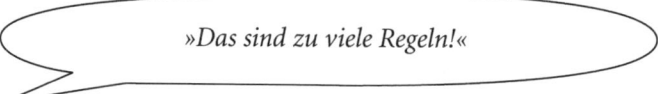

»Das sind zu viele Regeln!«

»Es ist ja nur ein Vorschlag. Der Regelkanon kann je nach Schulform, Klassenstufe und Alter der Schülerinnen und Schüler variiert und modifiziert werden.«

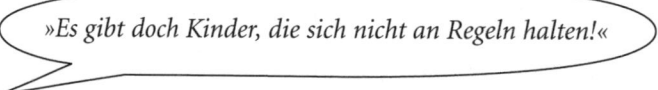

»Es gibt doch Kinder, die sich nicht an Regeln halten!«

»Ja, gerade für diese Kinder sind die Regeln ja gemacht. Sich nicht an Regeln halten, heißt ja nicht, dass diese Kinder es nicht lernen können, sich an Regeln zu halten. Wichtig ist die Konsequenz Ihres Tun im Klassenzimmer!«

»*Was mache ich, wenn ein Schüler auf die erste Frage
»Was machst du« antwortet: Wieso? Nix!*«

»Ja, das kommt zu Beginn sicherlich vor. Dann sagen Sie kurz und bündig, was Sie gesehen oder gehört haben, lassen sich auf keine Diskussionen ein und fragen den Schüler nach der Regel, gegen die er verstoßen hat.«

»*Was mache ich, wenn der Schüler nicht geht,
sondern sich weigert, nach der zweiten Störung
in den Trainingsraum zu gehen?*«

»Dann bitten Sie ihn erneut in ruhigem, aber festem Ton zu gehen. Folgt er Ihrer Anweisung nicht, fragen Sie ihn, was passiert, wenn er sich weigert. Der Schüler weiß, dass er sich damit entscheidet, nach Hause zu gehen und am nächsten Tag mit seinen Eltern zu einem Gespräch zur Schule zu kommen. Fragen Sie ihn, ob er das möchte. Meistens lenken die Schüler an diesem Punkt ein. Es kommt sehr, sehr selten vor, dass sich ein Schüler weigert zu gehen.«

»*Kann ich denn jüngere Kinder überhaupt den Weg
zum Trainingsraum alleine gehen lassen?*«

»Sie können. Auch in Grundschulen werden Kinder schon einmal mit Aufträgen in andere Räume, zum Schulleiter, zum Hausmeister etc. geschickt, ohne dass Sie damit Ihre Aufsichtspflicht verletzen.«

»*Sind das denn überhaupt wirkliche Entscheidungen?*«

»Der Spielraum der Entscheidungen ist eng, das stimmt. Aber bedenken Sie, dass auch in unserer Gesellschaft der persönliche Entscheidungsspielraum eng ist. In bestimmten Grenzen, die durch allgemein gesellschaftlich akzeptierte Regeln gesetzt werden, hat jeder Mensch die Wahl zu entscheiden, wie er sich verhalten will. Wir können uns immer nur für oder gegen etwas entscheiden und haben oft auch nur zwei Möglichkeiten: Pünktlich oder unpünktlich zu sein, zum Dienst zu erscheinen oder nicht, eine Verabredung einzuhalten oder nicht, bei Rot über die Straße zu gehen oder zu warten. In jedem Fall, wie auch immer unsere Entscheidung ausfällt, wir entscheiden selbst und tragen damit auch selbst die Verantwortung für unser Tun.«

> »In meinem Unterricht gibt es keine Störungen,
> im Übrigen werde ich damit selbst fertig!«

»Gut! Wenn Sie mit Ihrem Verhalten im Unterricht und Ihren bisherigen Reaktionen auf Unterrichtsstörungen zufrieden sind, dann machen Sie weiter so. Wenn Sie aber unzufrieden sind und andere und effektivere Maßnahmen wünschen, dann wenden Sie den Frageprozess an. Aber niemand zwingt Sie, dies zu tun. Es ist Ihre Entscheidung!«

7. Was geschieht im Trainingsraum?

Anders denken – anders handeln

Der Trainingsraum als Herzstück des Programms

Der Trainingsraum ist das Herzstück des Programms. Hier finden mit Hilfe von dafür besonders ausgebildeten Trainingsraumlehrerinnen und -lehrer die eigentlichen Lernprozesse der Schüler und Schülerinnen statt, die in der Reflexion über das eigene Verhalten bestehen. Dabei helfen ihnen die Trainingsraumlehrerinnen und -lehrer.

Miller (1999, S. 94) schlägt einen Dreischritt vor: Die Frage: »Was willst du?« verweist den Schüler auf sein Wollen und bewirkt, dass er sich seiner Wünsche bewusst wird. Die Frage: »Was tust du?« überträgt sein Wollen in Handlung. Die letzte Frage: »Wie fühlst du dich?« überprüft, ob sich der Schüler dabei wohl fühlt. Die Trainingsraumehrerinnen und -lehrer verstehen sich dabei als Berater und Unterstützer des Schülers.

Das Nach- und Durchdenken des eigenen Störverhaltens ist Sinn und Zweck des Aufenthaltes im Trainingsraum. Der Schüler hat hier Zeit und Muße, über sein Verhalten nachzudenken und erhält dabei Unterstützung von dem betreffenden Trainingsraumlehrer. Mit seiner Hilfe soll im Schüler ein Denkprozess in Gang gesetzt werden, der sein vorheriges Verhalten an die geltenden Regeln bindet und es ihm ermöglicht, in einer ruhigen, entspannten, vorwurfsfreien Atmosphäre Ideen zu entwickeln, wie seine Ziele und Wünsche zu erreichen sind, ohne dass dabei Rechte der anderen Mitschülerinnen und Mitschüler verletzt werden.

Der Trainingsraum ist ein Klassenzimmer oder ein eigens eingerichteter Raum für diejenigen Schülerinnen und Schüler, die im Unterricht stören und sich nicht an die geltenden Regeln halten wollen oder können. In ihm stehen ca. zehn bis zwölf Einzeltische, an denen die eintreffenden Schülerinnen und Schüler Platz nehmen können. Der Trainingsraum ist den ganzen Schultag über mit Trainingsraumlehrerinnen und -lehrern der betreffenden Schule besetzt, die dort abwechselnd Dienst tun und für diejenigen Schülerinnen und Schüler da sind, die sich für den Trainingsraum entschieden haben und damit zeigen, dass sie Hilfe und Unterstützung brauchen. Die Trainingsraumlehrerinnen und -lehrer sprechen mit ihnen in offener und respektvoller Haltung und versuchen herauszufinden, was die betreffenden Schülerinnen und Schüler bewegt hat, andere zu stören, welche Absicht, welches Ziel – um mit der Wahrnehmungskontrolltheorie zu sprechen – sie damit verfolgt haben. Sinn und Zweck solcher Gespräche ist es, herauszuarbeiten, wie sie es erreichen können, nicht mehr zu stören und wie sie dann ihr Vorhaben möglichst in einem konkreten, messbaren und überschaubaren Plan konkretisieren können.

Der Ablauf im Überblick

Der Schüler betritt den Trainingsraum, nachdem er angeklopft hat und hereingerufen wurde (KV 7).

Leitfaden zum Ablauf des Geschehens im Trainingsraum

1. Anklopfen und Eintreten

2. Begrüßung

3. Übergabe des »Laufzettels«

4. Schüler/in setzt sich auf einen freien Platz (je nach Situation)

5. Schüler/in signalisiert Gesprächsbereitschaft

6. Schüler/in schildert seine/ihre Sicht der Störung (erste Störung, zweite Störung)

7. Absichten/Hintergründe erforschen

8. Absicht vom Verhalten trennen

9. Regelverstoß benennen

10. Ideen für das zukünftige Verhalten sammeln lassen

11. Plan schreiben lassen

12. Absprachen treffen über das Einholen der Hausaufgaben und Nacharbeiten des Versäumten

13. Plan kopieren

14. Verabschiedung

Der Schüler wird vom Trainingsraumlehrer begrüßt und nach seinem Namen gefragt. Wenn der Schüler den Trainingsraumlehrer noch nicht kennt, stellt sich dieser selbst mit Namen vor und bittet den Schüler, sich zu setzen. Er fordert ihn auf, ihm ein Signal zu geben, wenn er gesprächsbereit ist. Manche Schüler kommen mit aufgeschaukelten Gefühlen in den Trainingsraum, sind wütend und fühlen sich ungerecht behandelt. Dann sollten sie sich erst einmal beruhigen, sich an einen der Tische setzen und schon einmal über ihr Verhalten nachdenken.

Dies alles sollte in freundlicher Atmosphäre geschehen, sodass die Weichen für ein offenes Gespräch gestellt werden. Der Schüler soll sich von Anfang an wohl fühlen und nicht das Gefühl haben, dass ihn im Trainingsraum Vorwürfe oder gar Sanktionen erwarten. Er übergibt dem Trainingsraumlehrer bzw. der Trainingsraumlehrerin den »Laufzettel« bzw. das Zuweisungsformular, auf dem der Klassen- bzw. Fachlehrer die erste und auch die zweite Störung kurz vermerkt hat.

Zuweisung an den Trainingsraum

Schüler/in: *Felix Mustermann*   **Klasse:** *7a*

1. Störung:
Summt und trommelt mit den Stiften auf dem Tisch

2. Störung
Ruft ein unflätiges Wort laut in die Klasse

3. Weiteres auffälliges Verhalten

_____

Lehrer/in: *Meyer*   **Datum:** *10.09.02*   **Stunde:** *4*   **Zeit:** *11.05 Uhr*

Der Trainingsraumlehrer liest die Zuweisung leise durch und wartet auf ein Signal des Schülers, das durch Handbewegung gegeben werden kann. Der Schüler setzt sich dann zum Lehrer an einen Tisch, der von den anderen Tischen etwas weggerückt ist oder noch besser durch einen Paravent abgeschirmt ist.

Im Trainingsraum herrscht Ruhe. Es kommt vor, dass mehrere Schüler gleichzeitig oder kurz nacheinander in den Raum kommen. Sie sprechen nicht miteinander, sondern sitzen an Einzeltischen und beschäftigen sich gedanklich mit ihrem Verhalten in der Klasse. Sie können sich Notizen machen. Im Trainingsraum gibt es ebenfalls Regeln.

Regeln im Trainingsraum

➢ Ich sitze an meinem Tisch und verhalte mich ruhig.

➢ Ich bemühe mich, einen guten Plan zu erstellen.

➢ Alle haben das Recht, ungestört zu arbeiten.

Die Suche nach der »kontrollierten Variablen«

Der Trainingsraumlehrer spricht in der zeitlichen Abfolge ihres Ankommens nacheinander mit jedem Schüler. Die Gespräche finden überwiegend in Frageform statt. Fragen an den Schüler bilden den Hauptbestandteil des Gesprächs, denn nur durch Fragen kann der Trainingsraumlehrer herausfinden, was vorgefallen ist, was der

Schüler mit seinem Verhalten bezweckt, was er mit seiner Störung beabsichtigt hat und was er tun kann, um seine Ziele zu erreichen und dabei Störungen zu vermeiden. Es handelt sich dabei nicht um ein Ausfragen, sondern um den Wunsch herauszufinden, was denn genau im Unterricht vorgefallen ist. Er fragt nicht nach dem »Warum«, sondern nach dem »Wie«. Gleichzeitig lässt sich der Lehrer die Regel nennen, gegen die der Schüler verstoßen hat. Die folgenden Gespräche verdeutlichen das Bemühen des Trainingsraumlehrers, sich ein genaues Bild über das Störungsverhalten des Schülers zu machen und herauszubekommen, was er damit bezweckte.

Drei Trainingsraumgespräche

Peter

L. Bist du bereit, mit mir zu sprechen?
    Peter nickt.
L. Was war denn im Klassenraum los?
P. Also, äh, eigentlich nichts Besonderes!
L. Wenn nichts Besonderes los war, warum bist du dann hier?
P. Ja, also, die anderen machen immer so einen Blödsinn …
L. Halt, stopp mal, wer ist denn jetzt hier im Trainingsraum, du oder die anderen?
P. Also, ich bin hier.
L. O.K. und über wen können wir sprechen, wenn nur du hier bist?
P. Na ja, eigentlich nur über mich.
L. Was hast du denn nun genau gemacht?
P. Ich habe zu Martin gerufen, er soll mir gefälligst sein Lineal geben!
L. Du sagst »gefälligst«, hast du denn einen Anspruch darauf?
P. Nö, aber er soll sich nicht so anstellen.
L. Du wolltest also sein Lineal haben?
P. Ja, ich wollte damit die Gerade zeichnen.
L. Du hattest dein eigenes nicht dabei?
P. Nein, ich hatte es vergessen.
L. O.K., das kann passieren, du hattest dein eigenes Lineal nicht mit und wolltest, dass Martin dir seins gibt, damit du die Gerade zeichnen konntest, ist das so richtig?
P. Ja, so war es.
L. Wie laut hast du denn gerufen?
P. Nicht sehr laut.
L. Kannst du es mal vormachen, damit ich es mir vorstellen kann?
    Peter macht es vor und schreit ziemlich laut.
L. Wie lautet die Regel?
P. Ich spreche höflich.

L.   Und?, hast du höflich gesprochen?

P.   Na ja, so wie sonst auch!

L.   Das heißt, du schreist immer so, wenn du etwas haben willst?

P.   Nö, eigentlich nicht.

L.   Du hast Martin also nicht leise um das Lineal gebeten, sondern ganz schön laut in die Klasse geschrieen, war das so?

P.   Ja, kann man so sagen.

L.   Und was passiert, wenn du gegen Regeln verstößt?

P.   Dann bekomme ich Ärger.

L.   Willst du das?

P.   Nein, usw.

Das, was der Schüler bewusst oder auch mehr oder weniger bewusst mit seinem Störverhalten erreichen will, wird »kontrollierte Variable« genannt. Diese herauszufinden, ist u. a. Ziel der Trainingsraumgespräche mit den Schülern. Peter wollte sich ein Lineal von Martin ausleihen, damit er die Gerade zeichnen konnte, eigentlich eine Absicht, die man positiv bewerten könnte. Peter hatte ein Ziel, das er mit falschen Mitteln versucht hat zu erreichen. Im weiteren Gespräch könnte der Trainingsraumlehrer mit Peter überlegen, was er in einer anderen Situation, wenn er sich wieder mal etwas ausleihen möchte, tun kann, ohne dabei zu stören.

Dirk

...

...

Fr. S.   Dirk, was passierte, als du in die Klasse gerufen hast?

Dirk   Frau N. hat mir die Fragen gestellt.

Fr. S.   Ah ja, und als sie dir die erste Frage gestellt hat, war dir dann klar, welche Konsequenzen eine zweite Störung für dich haben würde?

Dirk   Ja, schon, ich wollte dann ja auch aufpassen, habe dann aber noch einmal in die Klasse gerufen.

Fr. S.   Du hast zwei Mal etwas in die Klasse gerufen? Kannst du sagen, gegen welche Regel du damit verstoßen hast?

Dirk   Ja, »Ich warte, bis ich aufgerufen werde«. Aber ich konnte einfach nicht warten!

Fr. S.   Hm, etwas scheint für dich sehr wichtig gewesen zu sein, sodass du nicht warten konntest. Was genau war so wichtig für dich?

Dirk   Äh, ich bin nicht mitgekommen, hatte was nicht kapiert.

Fr. S.   Aha, du hattest etwas nicht verstanden, und was genau hast du in die Klasse gerufen?

Dirk   Ich glaube, »So eine Scheiße, hier wieder mal bei Ihnen!«

Fr. S.   Wenn du jetzt über deine Worte nachdenkst, gegen welche Regel hast du damit verstoßen?

Dirk	Na ja, ich soll ja höflich sprechen.
Fr. S.	Genau, und wie hast du den Satz gerufen?
Dirk	Es war schon etwas lauter, ich war ja ziemlich genervt.
Fr. S.	Was meinst du mit »genervt«?
Dirk	Na ja, ich hatte Panik.
Fr. S.	Du bekamst Panik, weil du Angst hattest, es nicht verstanden zu haben?
Dirk	Ja, in der letzten Mathearbeit habe ich 'ne »5« geschrieben.
Fr. S.	Du bist nicht so gut in Mathe und gerätst daher leicht in Panik?
Dirk	Ja, aber das passiert mir nur in Mathe.
Fr. S.	Hm, du sagst, das ist nur in Mathe so, wie stehst du denn in den anderen Fächern?
Dirk	Da bin ich viel besser!
Fr. S.	Welches Fach magst du denn am liebsten?
Dirk	Deutsch, da bin ich gut!
Fr. S.	Rufst du denn auch im Fach Deutsch in die Klasse?
Dirk	Nein, das ist leicht, da verstehe ich immer alles!
Fr. S.	Aha, in Deutsch brauchst du nicht in die Klasse zu rufen, weil es dir leichter fällt. Aber in Mathe ist es anders?
Dirk	Ja, das kann ich nicht so gut!
Fr. S.	Und wenn du etwas nicht so gut kannst, dann rufst du in die Klasse?
Dirk	Ja, das passiert des Öfteren.
Fr. S.	Hm, das scheint ganz schön schwierig für dich, du verstehst Mathe nicht so gut und wirst dann gleich ganz aufgeregt.
Dirk	Ja, genau so ist es.
Fr. S.	Und was wolltest du mit deinem Ausruf erreichen?
Dirk	Na ja, dass sie langsamer vorgeht und dass ich es kapiere.
Fr. S.	usw., usw.

Nachdem die Trainingsraumlehrerin herausgefunden hat, dass es die Absicht des Schülers war, die Lehrerin dazu zu bewegen, langsamer vorzugehen, es vielleicht noch einmal zu erklären und dass er diese Absicht mit unangemessenem Verhalten versucht hat zu verwirklichen, könnte das weitere Gespräch mit Dirk darauf hinauslaufen, ihn überlegen zu lassen, wie er Frau N. ansprechen könnte, ohne in die Klasse zu rufen und ohne zu stören. Die Trainingsraumlehrerin könnte dann auch noch auf seine Angst eingehen, die ja immer größer wird, je weniger er im Unterricht mitkommt. Ihre Hilfe und Unterstützung könnte darin bestehen, ihn anzuleiten, auf erste Anzeichen der Angst zu achten (feuchte Hände, Herzklopfen usw.) und sich dann zu melden, bevor die Angst überhand nimmt.

Ein anderes Beispiel, das hier aus dem Englischen übersetzt wiedergegeben wird, stammt von Tim und Margret Carey (2001), zwei australischen Trainingsraumlehrern, die sehr viel Erfahrung mit Gesprächen im Trainingsraum haben:

David

TrL.	Hi, David, wie kommt's, dass du hier bist?
David	Frau M. hat mich geschickt!
TrL.	Sie hat dich geschickt? Einfach so?
David	Na ja, sie mag mich nicht. Sie hackt dauernd auf mir herum!
TrL.	Hm, Wie macht sie das, deiner Meinung nach?
David	Sie stellt mir die ganze Zeit diese blöden Fragen (er macht den Ton der Lehrerin übertrieben nach): »David, was tust du gerade?«
TrL.	Wann genau stellt sie dir diese Frage?
David	Ständig!
TrL.	Du sagst, sie stellt dir *ständig* diese Frage, dann muss sie ja auch Grund dazu haben, dich zu fragen, was du gerade machst.
David	Ja schon, aber sie stellt mir diese Frage wegen lächerlicher Dinge.
TrL.	Was sind für dich lächerliche Dinge?
David	Na ja, wenn ich z. B. schnell noch meinen Apfel aufesse oder zu meinem Fach gehe, um mir mein Buch zu holen, das ich vergessen habe …
TrL.	Ist es denn üblich, solche Dinge während des Unterrichts zu tun?
David	Na ja, eigentlich nicht, aber es stört doch keinen!
TrL.	Das kommt darauf an, *wie* du es gemacht hast. Erklär mal genauer!
David	Also, den Apfel habe ich ganz normal gegessen, ich bin in der Pause nicht dazu gekommen.
TrL.	Wie lange hat das ungefähr gedauert?
David	Vielleicht so 10 Minuten?
TrL.	Dürft ihr denn in der Stunde essen?
David	Nein, das ist nicht erlaubt.
TrL.	Gilt das auch für die anderen Schüler?
David	Ja, das gilt für alle.
TrL.	Dann ist das also gegen die Regel?
David	Kann schon sein.
TrL.	Du vermutest aber, dass sie dich nicht mag?
David	Ja, weil sie immer nur mir diese Fragen stellt.
TrL.	Und den anderen stellt sie sie nicht?
David	Doch … (er denkt nach) schon auch. Sie stellt jedem diese blöden Fragen.
TrL.	Stellt sie dir jemals diese Fragen, auch wenn du *nicht* gegen eine Regel verstoßen hast?
David	Was meinen Sie damit?
TrL.	Nun, wenn du ruhig auf deinem Platz sitzt und dich am Unterricht beteiligst, stellt sie dir dann auch die Fragen?
David	Nein, eigentlich nicht.
TrL.	Und wie kommst du darauf, dass sie dich nicht mag?
David	Weil sie mich nie drannimmt.
TrL.	Du möchtest öfter drankommen?

David	Ja, dann wäre es weniger langweilig.
TrL.	Hast du eine Idee, wie du es erreichen kannst, öfter dranzukommen?
David	Ich könnte es ihr vielleicht sagen.
TrL.	Ja, das wäre eine gute Idee, wie müsstest du es ihr sagen?
David	Ich könnte z. B. ….
TrL.	…usw., usw.

Auch in diesem Gespräch wird deutlich, dass der Trainingsraumlehrer versucht, die kontrollierte Variable, also die Absicht des Schülers, herauszufinden. Sehr oft ist die Absicht der störenden Schüler im Unterricht nämlich durchaus honorig, nur das Verhalten, mit dem Schüler versuchen ihre Absicht in die Tat umzusetzen, ist häufig unangebracht und störend.

Die Suche nach dem zukünftigen Verhalten

Der Trainingsraumlehrer betrachtet im gemeinsamen Gespräch mit dem betreffenden Schüler dessen Absicht getrennt von seinem Verhalten. Er fragt ihn nach der Regel, gegen die sein Verhalten verstoßen hat. Er macht dies, ohne zu moralisieren oder zu beschämen. Wenn der Schüler die Regel benannt hat, lässt der Trainingsraumlehrer ihn darüber nachdenken, wie er demnächst in einer anderen Situation seine Absicht verwirklichen kann, ohne zu stören. Der Zukunftsaspekt ist sehr wichtig. Der Trainingsraumlehrer kann ihn mit der Frage einleiten: »Was muss passieren, damit das, was passiert ist, nicht wieder passiert?« (Palmowski 1996, S. 58). Die Ideen dazu muss der Schüler selbst finden.

> **»Es ist nicht möglich, einen Menschen zu ändern, sondern nur, ihn darin zu unterstützen, sich selbst zu ändern.«**

Trainingsraumgespräch: Britta

Dies soll am Beispiel von Britta gezeigt werden: Britta hat zwei Mal im Klassenraum gestört. Das erste Mal hat sie sich mehrfach zu einer Klassenkameradin, die zwei Reihen hinter ihr sitzt, umgedreht und ihr laut etwas zugerufen. Ihr Klassenlehrer, Herr Neumann, stellte ihr daraufhin die Fragen. Britta beteuerte, im Unterricht bleiben und aufpassen zu wollen. Dies gelang ihr jedoch nicht. Ihre zweite Störung bestand darin, dass sie ihrer Klassenkameradin Martina einen Füller weggerissen hatte. Mit dieser zweiten Störung hatte sie sich dafür entschieden, in den Trainingsraum zu gehen.

Britta

L.   Britta, setz dich erst einmal dort hin und denk schon mal über dein Verhalten nach. Wenn du mit mir sprechen willst, dann sag mir Bescheid.

L.   O.K., du möchtest mit mir sprechen? Was war denn los im Klassenzimmer?

B.   Also, Martina, die blöde Kuh, hat dauernd mit ihrem neuen Füller angegeben, es war nicht zum Aushalten. Dabei hat sie auch noch so blöd gegrinst, sich umgedreht und den Füller richtig hochgehalten …

L.   Halt mal, stopp, Britta. Über wen reden wir denn jetzt, über Martina oder über dich?

B.   Also, ich ärgere mich über Martina!

L.   Ah, du ärgerst dich über sie, aber deshalb bist du doch nicht hier, oder?

B.   Doch, genau deswegen bin ich hier!

L.   Du meinst, du bist hier, weil du dich über Martina geärgert hast. Wie hast du denn deinen Ärger gezeigt?

B.   Ich? Überhaupt nicht! Ich habe ihn 'runtergeschluckt! Am liebsten hätte ich ihr ja eine geklebt!

L.   Aha, du warst so wütend, dass du ihr gerne eine geknallt hättest, aber du hast es nicht gemacht, ist das richtig?

B.   Ja, das war so!

L.   Was hast du denn stattdessen gemacht?

B.   Nichts!

L.   Du sagst, du hast nichts gemacht, aber meinst du denn, dass du hier bist, ohne im Unterricht irgendwie gestört zu haben?

B.   Nee, eigentlich nicht.

L.   Sollen wir denn jetzt einmal die Situation in Ruhe besprechen?

B.   Ja, O.K.

L.   Bleiben wir mal bei dem Füller, mit dem Martina so angegeben hat. Was war denn mit dem?

B.   Also, der ist richtig super, silberfarben, ganz dünn, richtig toll, bestimmt total teuer!

L.   Hm, der Füller hat dir sehr gefallen! Aber Martinas Verhalten hat dich geärgert?

B.   Ja, dass sie damit so rummacht und so angegeben hat!

L.   Ah ja, sie hat mit ihrem Füller geprahlt, und das hat dich auf die Palme gebracht.

B.   Ja, genau so war es!

L.   Britta, mich würde interessieren, wo ihr beide denn in der Klasse sitzt. Wo sitzt Martina und wo sitzt du?

B.   Ich sitze hier und Martina sitzt zwei Reihen hinter mir.

L.   Kannst du sie denn immer sehen?

B.   Wenn ich mich umdrehe, ja.

L.	Du kannst sie also nur sehen, wenn du dich umdrehst. Was ist denn dabei so interessant für dich?
B.	Na ja, ich will doch mitkriegen, wie die anderen reagieren!
L.	Ah ja, und wie haben die anderen reagiert?
B.	Hm … hm … (Britta überlegt einen Moment) eigentlich habe ich von denen nichts mitgekriegt.
L.	Die anderen haben sich also offensichtlich nicht daran gestört, aber du hast dich geärgert.
B.	Ja und wie! Ich habe ihr dann zugerufen, sie soll mit der Angeberei aufhören.
L	Wie hast du das gerufen?
B.	Hm, das war schon etwas lauter, sonst hätte sie es ja nicht mitgekriegt.
L.	Was hast du denn genau gerufen?
B.	(Britta überlegt) Na ja, hm, ich habe sie eigentlich richtig angeschrieen!
L.	Gegen welche Regel hast du denn dann verstoßen?
B.	Ich passe im Unterricht auf und arbeite mit!
L.	Hm, hm. Und wie hat Herr Neumann auf dein Umdrehen und das laute Rufen reagiert?
B.	Er hat mich ermahnt und mich an die Regel erinnert. Dann wollte ich ja auch aufpassen.
L.	Und was ist dann noch passiert? Irgendwie muss es ja noch zu einer zweiten Störung gekommen sein.
B.	Groß gemacht habe ich im Grunde nichts!
L.	Komm Britta, was konnte Herr Neumann denn sehen oder hören?
B.	Ich habe Martina den Füller weggenommen.
L.	Ah, du hast ihr den Füller weggenommen, wie hast du das denn gemacht?
B.	Ich hab mich zu ihr 'rübergelehnt.
L.	Ging das denn so einfach?
B.	Einfach war das nicht, Martina hat ihn ja festgehalten.
L.	Aha, und wie hast du ihn dann nehmen können?
B.	Na ja, ich hab schon ein bisschen fester zupacken müssen!
L.	Ist das richtig, wenn ich vermute, dass du ihn ihr »weggerissen« hast?
B.	Ja, so ungefähr war das wohl (Britta schmunzelt).
L.	Ich möchte mir das genau vorstellen können, wie bist du vorgegangen?
B.	Also, ich bin aufgestanden, habe sie mit einem Arm festgehalten und mit dem anderen habe ich ihren Füller weggerissen. (Britta macht es vor)
L.	Was wolltest du erreichen, als du ihr den Füller weggenommen hast?
B.	Ich wollte, dass sie mit dem blöden Getue aufhört!
L.	Meinst du, dass sie damit aufhört, wenn du ihr den Füller wegnimmst?
B.	In dem Moment schon!
L.	Hattest du denn vor, den Füller zu behalten?
B.	Nein, ich wollte nur, dass sie endlich Schluss macht mit der Angeberei!
L.	Kannst du denn ein wenig verstehen, dass sie stolz auf ihren Füller ist?
B.	Ja, schon.

L. Im Grunde hättest du auch gerne so einen, oder?

B. Logo!

L. Und wenn du jetzt noch einmal in Ruhe über dein Verhalten nachdenkst, was hättest du anders machen können?

B. Weiß ich nicht!

L. Hätte es noch andere Möglichkeiten gegeben?

B. Vielleicht, aber dazu fällt mir nichts ein.

L. Kannst du dir vorstellen, dass du Martina einfach nicht beachtest?

B. Ja, aber das ist ganz schön schwer, wenn sie so angibt.

L. Lass uns doch mal gemeinsam überlegen, ob dir nicht doch etwas einfällt … (kleine Pause) Was tust du denn sonst, wenn du dich über jemanden ärgerst?

B. Meistens sage ich es dann.

L. Und welche Erfahrungen hast du damit gemacht?

B. Na ja, das kommt darauf an, manchmal gute, manchmal nicht so gute.

L. Wovon hängt das deiner Meinung nach ab?

B. Wenn ich das wüsste! (Britta überlegt …) Vielleicht von meinem Ton?

L. Ja, das könnte wohl sein! Wie müsstest du es denn z. B. Martina sagen, damit es gut ankommt?

B. Wahrscheinlich »ordentlich«.

L. Und was heißt »ordentlich« für dich? Mach doch mal vor!

B. Na ja, ich könnte ihr sagen: »Martina, es stört mich, wenn du so angibst und es ärgert mich auch.«

L. Ja, das wäre eine gute Idee, aber kannst du dann sicher sein, dass sie aufhört anzugeben?

B. Nein, vielleicht macht sie dann extra weiter.

L. Ja, genau. Das könnte passieren! Denn Martina ändert ihr Verhalten nur, wenn *sie* es will und nicht wenn *du* es willst!
Aber lass uns noch einmal darüber sprechen, wann du ihr das sagen könntest.

B. Hm, eigentlich nur in der Pause.

L. O.K.! Wenn jetzt wieder mal jemand in der Klasse angibt, wie würdest du dich dann verhalten?

B. Ich guck einfach nicht hin und sag ihm in der Pause was dazu!

L. Prima Britta, könntest du jetzt deinen Plan schreiben?

B. Ja, okay.

Britta setzt sich an einen Arbeitstisch und schreibt ihren Plan: »Wenn jemand in der Klasse mit irgendwas angibt und ich mich darüber ärgere, dann beteilige ich mich weiter am Unterricht und warte einen passenden Moment ab, um ihm meinen Ärger mitzuteilen, z. B. in der Pause. Mich am Unterricht beteiligen heißt: nach vorne gucken, mich melden und schriftlich mitarbeiten.

L. Gut, Britta. Dann zeig diesen Plan Herrn Neumann und erkundige dich auch nach den Hausaufgaben. Tschüss.

B. Tschüss.

Aus dem Gespräch mit Britta wird deutlich, dass sich der Trainingsraumlehrer, bevor er das Gespräch beginnt, der Bereitschaft der Schülerin versichert, überhaupt mit ihm zusammenarbeiten zu wollen, denn ohne diese grundsätzliche Bereitschaft ist jedes Gespräch sinnlos und zum Scheitern verurteilt. Der Lehrer fragt konkret nach der Störung, wie diese ausgesehen hat und was Britta genau gemacht hat. Immer, wenn sie sich herausreden und ihr Verhalten z. B. mit demjenigen Martinas begründen will, lässt er sie darüber nachdenken, wessen Verhalten denn Inhalt des jetzigen Gesprächs sei, das der anderen Schülerin oder ihr eigenes. Wenn Britta dabei bleibt und sich weiterhin über Martinas Verhalten beklagt, fragt der Trainingsraumlehrer, ob sie denn das Verhalten Martinas beeinflussen bzw. darüber bestimmen könne? Er lässt Britta nur ihr eigenes Verhalten beschreiben, achtet darauf, sich nicht auf Beschuldigungen anderer einzulassen und zieht dabei immer die Verbindung zu den geltenden Regeln. Er fragt sie nach ihren Wünschen und Zielen und fragt, wie sie diese erreichen könne, ohne zu stören. Er lässt Britta möglichst genau beschreiben, was sie tun will, und dies in positiven Formulierungen; also *nicht:* »Ich nehme Martina nichts mehr weg«, *sondern:* »Ich sage ihr, was mich ärgert.« Wichtig dabei sind die positiven Formulierungen, eine genaue Wortwahl und auch der Zeitpunkt, an dem sie es ihr sagen will. All dies wird genauestens in einem Plan festgehalten.

Die »kooperative Gesprächsführung« im Trainingsraum

Das Gespräch im Trainingsraum wird als innere Auseinandersetzung um ein Thema begriffen und als Kooperation in einem Problemlöseprozess. Das Thema ist jeweils das Verhalten des Schülers und der Schülerin, die sich entschlossen haben, in den Trainingsraum zu gehen. Die Kooperation liegt darin, dass die Trainingsraumlehrerinnen und -lehrer den Schülern helfen und sie darin unterstützen, über ihr zurückliegendes Störverhalten im Klassenraum nachzudenken und ihr zukünftiges Verhalten zu beschreiben.

Die Hilfen der Trainingsraumlehrerinnen und -lehrer sind frei von Vorwürfen, Beschuldigungen und Strafmaßnahmen. Sie haben Zeit bzw. nehmen sich die Zeit, auf die Schülerinnen und Schüler einzugehen. Sie solidarisieren sich weder mit ihnen noch mit dem Lehrer, aus dessen Unterricht die Schülerinnen und Schüler herausgegangen sind. Sie hören sich an, ohne auch nur im geringsten zu werten, was vorgefallen ist und sind nicht parteiisch. Sie sind auch nicht diejenigen, die den Schülerinnen und Schülern sagen, was diese zu tun haben, sondern lassen sie es selbst herausfinden. Ihr Arbeitsauftrag besteht darin, die Schülerinnen und Schüler zur Selbstreflexion und zur Übernahme von Verantwortung zu bringen. Sichtbares Zeichen dieser Verantwortung ist dann der Plan, der am Ende des Gesprächs von den Schülerinnen und Schülern formuliert wird.

Zur Kooperation gehören Arbeitsteilung und unterschiedliche Kompetenzen. Die Kompetenz der Schüler liegt darin, ihr Verhalten zu beschreiben und eine Entscheidung über ihr zukünftiges Verhalten zu treffen. Ihre Kompetenz ist die Beschreibungs- und Entscheidungsfähigkeit. Das können sie zunächst nicht von allein, sondern dazu benötigen sie Hilfe, Unterstützung und Anleitung. Es ist ein Prozess, der die Schülerinnen und Schüler langfristig dazu bringt, Verantwortung für ihr Handeln zu übernehmen.

Die Kompetenz der Trainingsraumlehrerinnen und -lehrer liegt darin, sich auf die Schüler einzustellen, die zu ihnen kommen, d. h. sie zu verstehen, gleichzeitig aber auch das Gespräch so zu leiten und zu strukturieren, dass die Schüler sich ihres Verhaltens immer mehr bewusst werden. Die Trainingsraumlehrer haben damit zwei wichtige Aufgaben, ihren eigenen Verstehensprozess voranzutreiben und gleichzeitig das Gespräch zu leiten. Das Zuhören können sie aktiv betreiben, indem sie Fragen stellen, die Schüler bitten, zu konkretisieren und genauestens zu beschreiben, wie sie sich verhalten haben. Die Trainingsraumlehrer vergewissern sich im Gespräch immer wieder, ob sie das auch richtig verstanden haben, was die Schüler erzählen. Sie können dabei die Gesprächstechnik des Paraphrasierens anwenden, d. h., die Gedanken des Schülers mit ihren eigenen Worten wiederholen und die Gefühle ansprechen, die sie bei ihm wahrgenommen haben. Dies alles fördert das Verständnis der Trainingsraumlehrer für die Situation und bringt gleichzeitig die Schüler dazu, sich ihres Verhaltens bewusst zu werden und darüber nachzudenken, wie sie es ändern können.

Was der Trainingsraumlehrer unbedingt vermeiden sollte

Trainingsraumlehrerinnen und -lehrer unterrichten genau wie die Klassen- und Fachlehrer, sie kennen also unter Umständen schon einige der Schülerinnen und Schüler, die zu ihnen in den Trainingsraum kommen, aus ihrem eigenen Unterricht. Einige wenige Schüler kommen auch öfter und sogar sehr oft. Es wäre nicht gesprächsfördernd, sie mit den Worten zu empfangen:

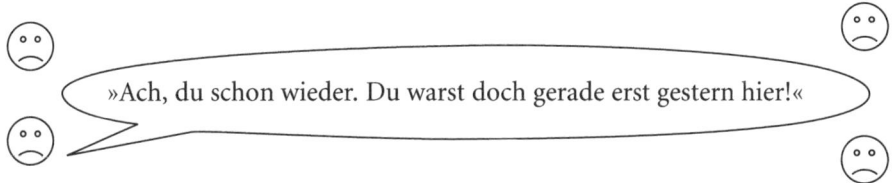

»Ach, du schon wieder. Du warst doch gerade erst gestern hier!«

Moralisieren und Predigen hilft Schülern nicht weiter.

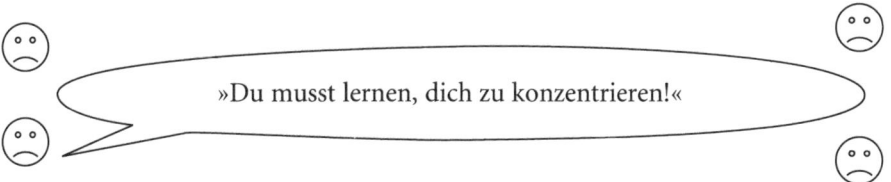

»Du musst lernen, dich zu konzentrieren!«

Auch Interpretieren, Analysieren und Diagnostizieren bringt den Schüler nicht weiter, sondern lässt ihn eher in seiner Position beharren.

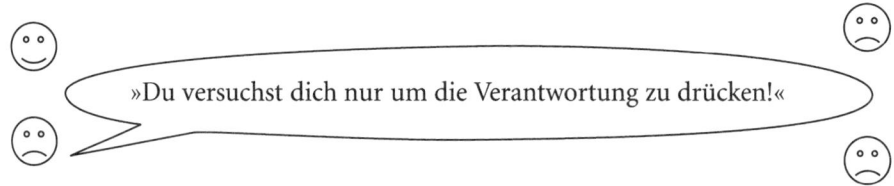

»Du versuchst dich nur um die Verantwortung zu drücken!«

Dies sind alles »Gesprächskiller«, die den Schüler in seiner Gesprächsbereitschaft verschließen. Er fühlt sich dann abgewertet und ist nicht mehr bereit, ein Gespräch mit dem betreffenden Trainingraumlehrer zu führen.

Gesprächskiller
➢ Befehlen, Kommandieren, Anordnen
➢ Warnen, Drohen
➢ Moralisieren, Predigen, Belehren
➢ Vorträge halten, Monologisieren
➢ Beschimpfen, Etikettieren
➢ Interpretieren, Analysieren, Diagnostizieren
➢ Lächerlich machen
➢ Verharmlosen
➢ Nicht ernst nehmen

Stattdessen wenden Trainingsraumlehrerinnen und -lehrer die Variablen des »Aktiven Zuhörens« an, die darin bestehen, die Gedanken der Schülerinnen und Schüler wiederzugeben, das Störungsgeschehen im Klassenzimmer zu verstehen und mit eigenen Worten zu wiederholen, was sie gesagt haben, offene Fragen zu stellen und auf die Gefühle der Schülerinnen und Schüler einzugehen. Letzteres ist besonders wichtig. Wenn die Trainingsraumlehrerinnen und -lehrer erkennen, wie es den Schülerinnen und Schülern, die zu ihnen in den Trainingsraum kommen, gefühlsmäßig geht, und wenn sie dann auch noch in der Lage sind, die wahrgenommenen Gefühle zu verbalisieren, dann ist die Wahrscheinlichkeit groß, dass sich die Schülerinnen und Schüler angenommen fühlen und sich emotional für das Gespräch öffnen können.

Es sind ganz verschiedene Gefühle, mit denen Schülerinnen und Schüler in den Trainingsraum kommen. Manche fühlen sich beschämt, ungerecht behandelt, manche sind verärgert und empört und manche sind einfach nur misstrauisch, was sie erwartet. Alle diese Gefühle wirken sich unterschiedlich aus und können zu Blockaden, Widerstand, Aggressivität und Feindseligkeit führen. Die Trainingsraumlehrerinnen und -lehrer erhalten nur dann die Bereitschaft der Schülerinnen und Schüler, sich auf ein Gespräch einzulassen, wenn diese sich angenommen fühlen und keine Angst haben müssen, ins Kreuzverhör genommen zu werden oder dass ihre Glaubwürdigkeit angezweifelt wird. Auf die Gefühle der Schülerinnen und Schüler einzugehen, sie anzusprechen, ohne zu werten, sind Bestandteile einer guten und kooperativen Gesprächsführung.

Die Variablen des aktiven Zuhörens sind lern- und trainierbar. Lehrerinnen und Lehrer neigen im Allgemeinen dazu, schnell Ratschläge zu geben und Lösungen vorzuschlagen. Vielen fällt es schwer, sich im Gespräch zurückzunehmen, d. h., beim Schüler und dessen Problem zu bleiben und ihn zu unterstützen, selbst Verhaltensalternativen zu machen. Daher muss die Gesprächsführung geübt werden. Von ihrer Ausbildung her bieten sich dafür sehr gut Schulpsychologen und Schulpsychologinnen an, die entweder in den Schulen selbst arbeiten oder als Externe hinzugerufen werden. Schulen können sich auch an Beratungsstellen wenden, in denen Diplompsychologen und -psychologinnen oder auch Diplompädagogen und -pädagoginnen arbeiten. Eine besondere Schulung in Gesprächsführung ist unabdingbar und kann sehr gut nach den Modellen von Schultz v. Thun (1981, 1989, 1998) und Redlich (1992) oder auch Mutzeck (1997) gelernt werden (Abb. 12).

Wichtig ist, dass eine vertrauensvolle Atmosphäre hergestellt wird. Der Trainingsraumlehrer muss die Balance halten zwischen dem eigenen Verstehensprozess und der Förderung der Eigenverantwortung des Schülers. Er resümiert und strukturiert und fragt so lange nach, bis er sich ein konkretes Bild von der Störungssituation in der Klasse verschafft hat. Seine Grundhaltung ist von Wohlwollen und Vorurteilslosigkeit gegenüber dem Schüler gekennzeichnet. Er bringt ihm Verständnis entgegen, aber er versucht ihn gleichzeitig zu einer Regeleinsicht und zu einer immer stärkeren Konkretisierung seines zukünftigen Verhaltens zu veranlassen. Er greift alle positiven Tendenzen des Schülers in Richtung einer Verhaltensänderung auf und ermuntert ihn, neue Handlungsmuster auszuprobieren. Der Trainingsraumlehrer hilft dem Schüler, einerseits sein Bild von der Störungssituation darzustellen, andererseits aber auch Handlungsalternativen für störungsfreies Verhalten in Erwägung zu ziehen und auszuprobieren.

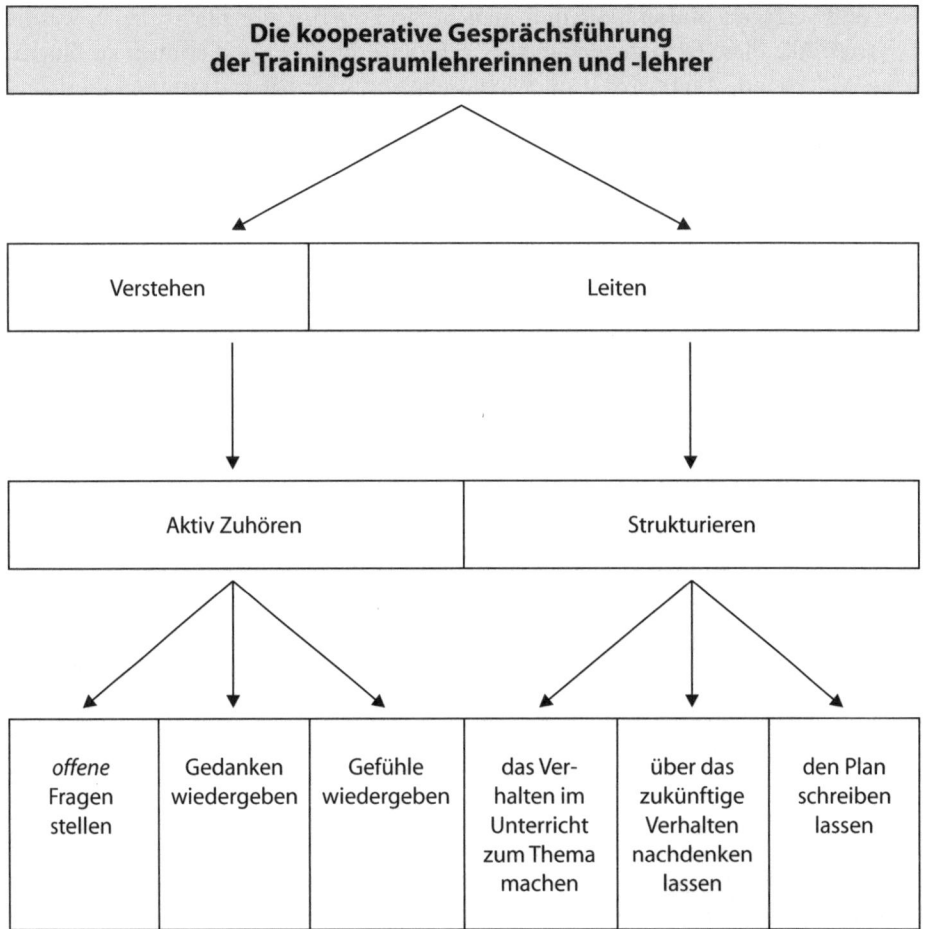

Abb. 12; KV 8: Die kooperative Gesprächsführung der Trainingsraumlehrerinnen und -lehrer

Durch Strukturieren des Gesprächsablaufes bringt er die Schülerinnen und Schüler dahin, nicht nur über ihr Störverhalten, sondern auch über ihr zukünftiges Verhalten nachzudenken und Lösungswege gedanklich »durchzuspielen«, Konsequenzen zu überdenken und schließlich einen Plan zu erstellen. Er macht sich einerseits ein Bild von dem, was vorgefallen ist, andererseits führt er die Schülerinnen und Schüler zur Lösungsfindung, d. h. zur Formulierung eines Plans (s. S. 67ff.).

Phasen des Gesprächs im Trainingsraum

Erste Phase: Hilfreiche Fragen zum Verständnis der Störung im Klassenraum

- Wie ist es dazu gekommen, dass du hier bist?
- Erzähle einmal, was los war.
- Wie hast du dich im Unterricht verhalten?
- Aus deiner Sicht: Was hast du genau gemacht/getan?
- Aus der Sicht deines Lehrers/deiner Lehrerin: Was hat er/sie gesehen, gehört?
- Gegen welche Regel hast du verstoßen?
- Welches war deine Absicht? Was wolltest du erreichen?
- Ich habe das noch nicht genau verstanden. Kannst du es mir noch einmal erklären?
- Wie hast du dich gefühlt?
- Ich fasse einmal zusammen: Du hast … / du wolltest …

Zweite Phase: Hilfreiche Fragen zum lösungsorientierten Vorgehen

- Was willst du erreichen?
- Wie kannst du erreichen, was du willst?
- Kannst du deine Ziele auch anders erreichen?
- Wenn du das und das nicht mehr tun willst, was kannst du stattdessen tun?
- Was wirst du genau tun? Beschreibe es einmal ganz konkret.
- Woran erkennt dein Lehrer/deine Lehrerin, dass du dich bemühst, nicht mehr zu stören und dass du dich an die Regeln halten willst?
- Wer könnte dir bei deinem Vorhaben helfen?
- Wenn du Hilfe brauchst, von wem kannst du sie bekommen?
- Glaubst du, dass das realistisch ist, was du dir vorgenommen hast?
- Wer oder was könnte dir sonst noch helfen, deinen Plan einzuhalten?
- Kannst du jetzt deinen Plan schreiben?
- Wen fragst du nach dem versäumten Unterricht?

Trainingsraumlehrerinnen und -lehrer sollten folgende Leitlinien berücksichtigen (KV 9).

Leitlinien für die Trainingsraumlehrerinnen und -lehrer

1. Begrüßen Sie den Schüler freundlich.
2. Erfragen Sie die Bereitschaft des Schülers zur Mitarbeit.
3. Achten Sie auf seine Gefühle und sprechen Sie diese an.
4. Stellen Sie Ihre Fragen ruhig und sachlich.
5. Lassen Sie den Schüler möglichst genau die Störungssituation schildern.
6. Versuchen Sie, den Schüler in seiner Absicht zu verstehen.
7. Lassen Sie den Schüler die Regel nennen, gegen die er verstoßen hat.
8. Sprechen Sie mit dem Schüler nur über sein Störverhalten und nicht über das eines anderen Schülers.
9. Gesprächsthema ist das zurückliegende und das zukünftige Verhalten des betreffenden Schülers.
10. Bringen Sie den Schüler bei Ausflüchten zum Thema seines Verhaltens zurück.
11. Lassen Sie den Schüler selbst nach alternativem Verhalten suchen!
12. Helfen Sie ihm, Entscheidungen zu treffen.
13. Geben Sie ihm Zeit, sich »durch den Lösungsprozess zu kämpfen«.
14. Helfen Sie ihm bei der Erstellung des Plans.

Wie werden Pläne erstellt?

Jedes Trainingsraumgespräch mündet in einen Plan, in dem die Schülerinnen und Schüler beschreiben, wie sie das nächste Mal versuchen wollen, die Störung zu vermeiden und was sie sich vornehmen, anders zu machen. Einen guten Plan zu erstellen, ist nicht so einfach. Die Trainingsraumlehrerinnen und -lehrer müssen den Schülern dabei Hilfen an die Hand geben (KV 10).

Wie erstelle ich einen Plan?

1. Beschränke dich auf ein eng umgrenztes Gebiet.

2. Setz dir ein Ziel, das du auch erreichen kannst.

3. Wie willst du dein Ziel in Handlung umsetzen?

4. Wie kann dein Lehrer/deine Lehrerin erkennen (an welchen Handlungen), dass du dir ein Ziel gesetzt hast?

5. Woran erkennt dein Lehrer/deine Lehrerin, dass du erfolgreich bist?

6. Wie willst du mit dem Problem umgehen, wenn es demnächst wieder auftritt?

Im Plan wird immer vom vorherigen Störverhalten des Schülers ausgegangen. Der Plan gibt nicht den ganzen Inhalt des Gesprächs wieder, sondern beschränkt sich auf die wesentlichen Veränderungsaspekte, die der Schüler sich vorgenommen hat. Das vertrauensvolle Gespräch geht weit über den Plan hinaus, es schafft die Voraussetzung für die Bereitschaft des Schülers, einen Plan zu entwickeln. Es ist die Aufgabe der Trainingsraumlehrerinnen und -lehrer, eine gute Gesprächsatmosphäre herzustellen, der Plan ergibt sich aus dem Gespräch und enthält die wesentlichen Veränderungsaspekte, die die Schülerinnen und Schüler sich vorgenommen haben.

Die Veränderungsvorhaben der Schülerinnen und Schüler sind weder spektakulär noch großartig. Sie enthalten auch keine Gedanken, die die ganze Persönlichkeit der Schülerinnen und Schüler betreffen, sondern beziehen sich auf die spezifische Störung und deren Vermeidung (s. S. 68).

Im Plan sollten kleinschrittige, sichtbare, beobachtbare, messbare und kontrollierbare Verhaltensweisen festgehalten werden. Diese sollten immer positiv formuliert sein. Schüler sollten also nicht schreiben, was sie *nicht* mehr machen wollen, sondern das, was sie in Zukunft *anders* machen wollen. Viele Schüler sagen im Gespräch, wenn sie ihren Plan entwickeln, dass sie *nicht* mehr stören wollen. Dann kann der Trainingsraumlehrer diese Aussage zunächst aufgreifen, sie eventuell auch wertschätzen, denn es ist ja ein guter Vorsatz, aber nun müssten die Schüler noch darüber nachdenken, was sie denn *stattdessen* machen möchten. Jede »Nicht-Aussage« kann der Trainingsraumlehrer in eine »Stattdessen-Aussage« verwandeln, indem er den Schüler fragt: »O.K., du willst nicht mehr stören, das ist ein guter Vorsatz, aber was kannst du stattdessen tun?« Oder: »Was willst du anders machen als bisher?« Oder »Wie willst du es machen?«. Es handelt sich hierbei nach Prior (2002) um die konstruktiven W-Fragen: »Was ...«, »Wann ...«, »Welche ...«, »Wie ...«, »Woran ...« oder auch »Wodurch ...«.

Unterrichtsstörungen und darauf bezogene Ideen für Pläne	
Unterrichtsstörungen	**Pläne**
Mit dem Nachbarn quatschen.	• Ich setze mich weg. • Ich führe Privatgespräche in der Pause oder nach der Schule.
In die Klasse rufen.	• Ich melde mich, wenn ich etwas zu sagen habe. • Ich lege mir einen Zettel zur Erinnerung auf meinen Platz.
Geräusche machen, z. B. mit dem Bleistift.	• Ich lasse meine Schreibmaterialien auf dem Tisch liegen.
Papierkugeln werfen.	• Ich konzentriere mich auf den Unterricht. • Wenn mir langweilig ist, sage ich es dem Lehrer in angemessenem Ton. • Alles, was ich auf den Boden werfe, hebe ich nach der Stunde wieder auf.
Mit dem Stuhl kippeln.	• Ich bleibe ruhig auf meinem Stuhl sitzen. • Ich bitte meinen Nachbarn mich darauf aufmerksam zu machen, wenn ich wieder kippele.
Durch die Klasse laufen.	• Ich frage meinen Lehrer um Erlaubnis, bevor ich von meinem Platz aufstehe.
In der Schultasche kramen.	• Ich lege vor der Stunde alle für die Stunde notwendigen Arbeitsmaterialien auf den Tisch. • Ich verschließe meine Schultasche.
Eigentum wegnehmen.	• Ich sorge dafür, dass ich das notwendige Material bei mir habe. • Wenn ich etwas ausleihen möchte, frage ich zuerst um Erlaubnis.
Handgreiflichkeiten.	• Ich sage in ruhigem Ton, was mich ärgert.
Zu spät kommen.	• Ich stelle mir zu Hause den Wecker etwas früher, sodass ich pünktlich in den Unterricht kommen kann. • Ich kontrolliere abends, ob ich den Wecker gestellt habe. • Ich verlasse zu einer bestimmten Zeit das Haus.
Beschimpfungen.	• Wenn mich etwas ärgert, sage ich es in ordentlichem Ton. • Ich hole tief Luft und versuche, mich zu beruhigen.
Zu früh einpacken.	• Ich packe erst dann ein, wenn der Lehrer das Zeichen dazu gibt.
Essen und Trinken.	• Ich esse und trinke in der Pause.
Nicht zuhören.	• Ich befolge die Anweisungen des Lehrers und richte meine Aufmerksamkeit auf ihn: Blickkontakt, melden etc.
Hausaufgaben machen.	• Ich mache meine Hausaufgaben zu Hause.
Briefe schreiben und schicken.	• Wenn ich einem Klassenkameraden etwas mitteilen möchte, dann mache ich das in der Pause.
Sich mit etwas anderem beschäftigen.	• Ich konzentriere mich auf den Unterricht.
Füße auf den Tisch legen.	• Ich verhalte mich höflich: Ich lasse die Füße unter dem Tisch.

Für Zielformulierungen gibt es Kriterien, Schlüsselfragen und Musterfragen (nach Prior 2002):

Kriterium	Schlüsselwort	Musterfrage
Positiv	stattdessen	»Was kannst du *stattdessen* tun?«
Prozesshaft	wie	»*Wie* wirst du es tun?«
Hier und Jetzt	Auf dem Weg sein	»Wenn du schon ein bisschen den Weg der Veränderung beschritten hast, *was* wirst du dann *anders* machen?«
So spezifisch wie möglich	genau	»Was *genau* wirst du im Einzelnen tun?«
Im Kontrollbereich des Schülers	du	»Was wirst *du* tun?«
In der Sprache des Schülers	Worte des Schülers verwenden	*»Du wirst also …?«*

Noch einmal zusammengefasst:

- Positive und prozesshafte Formulierung.
- Formulierung im Hier und Jetzt.
- So spezifisch wie möglich.
- Bei sich selbst bleiben, das eigene Verhalten beschreiben und nicht die Veränderung anderer zur Voraussetzung für die eigene Veränderung nehmen.

Das Erstellen von Plänen kann im Klassenverband mit allen Schülern geübt werden, auch von Schülerinnen und Schülern, die sich auf dem Leistungsgebiet verbessern wollen. Für ihre Pläne gelten dieselben Kriterien wie für die Pläne, die eine Verhaltensänderung beinhalten.

Ich erstelle einen Plan

➢ Ich beschränke mich auf ein eng umgrenztes Gebiet, auf dem ich mich verbessern will.

➢ Ich setze mir ein überprüfbares Ziel.

➢ Ich setze mein Ziel in Handlung um.

➢ Ich formuliere die Handlung konkret und positiv.

➢ Ich überlege, wer mir bei der Erreichung meines Zieles helfen kann.

Pläne, die im Trainingsraum erstellt wurden:

»Wenn der Unterricht beginnt, sitze ich auf meinem Platz. Ich habe meine Unterrichtsmaterialien auf den Tisch gelegt.«

»Wenn ich wissen will, wer bei uns Vertretungsunterricht hat, gucke ich in der großen Pause auf den Vertretungsplan.«

»Wenn ich mein Hausaufgabenheft vergessen habe, mache ich kein Bohei daraus, sondern sage es meiner Lehrerin vor der Stunde.«

»Wenn ich mich mal wieder über etwas ärgere, sage ich es dem Betreffenden vernünftig.«

»Wenn ich partout nicht mehr stillsitzen kann, melde ich mich und frage, ob ich mal kurz aufstehen und vielleicht auch kurz herumgehen darf.«

Was geschieht mit den Plänen?

Wenn die Schüler im Trainingsraum ihre Pläne geschrieben haben, werden sie von den Trainingsraumlehrern noch einmal durchgesehen, um zu gewährleisten, dass sie konkret und positiv formuliert worden sind. Am Ende eines Plans steht jeweils, wen die Schüler nach den Hausaufgaben und nach dem Versäumten fragen werden und wann sie die nächste Stunde mit den Klassen- oder Fachlehrern haben, in deren Unterricht sie sich entschieden haben, in den Trainingsraum zu gehen. Letzteres ist wichtig, damit die Schüler überlegen können, wann sie ihnen am besten den Plan zeigen, denn ohne dass die Klassen- bzw. Fachlehrer den Plan gesehen und akzeptiert haben, dürfen sie nicht in deren Unterricht zurückkehren, wohl aber in den Unterricht der nicht betroffenen Klassen- und Fachlehrer. Nach dem Trainingsraumbesuch ist es die Verantwortung der Schülerinnen und Schüler, mit dem Klassen- bzw. Fachlehrer wieder in Kontakt zu treten und mit ihnen über ihre Pläne zu »verhandeln«. Dies kann kurz vor der nächsten Unterrichtsstunde oder in einer der Pausen geschehen. Das Aushandeln der Pläne nimmt einen wichtigen Platz im Programm des eigenverantwortlichen Denkens und Handelns ein. Es ermöglicht Lehrern und Schülern, die Herstellung und Festigung einer guten Beziehung nicht aus dem Auge zu verlieren. Meistens sind die Pläne so geschrieben, dass die Klassen- und Fachlehrer sie akzeptieren können. Ganz selten kommt es vor, dass sie mit den Plänen nicht einverstanden sind. Dann ist es ihre Aufgabe, mit den Schülern zu sprechen, sodass sie ihre Pläne gegebenenfalls korrigieren können.

Werden die Pläne jedoch akzeptiert, nehmen die Klassen- bzw. Fachlehrer diese an sich und ermuntern die Schülerinnen und Schüler, sich daran zu halten. Es ist auch günstig, sie in den folgenden Unterrichtsstunden von Zeit zu Zeit daran zu erinnern und sie zu loben, wenn sie ihre Pläne einhalten. Es wäre ein pädagogischer Fehler, die Pläne einfach »wegzustecken« und sich nicht mehr darum zu kümmern. Die Schüler empfinden es als Hilfe und Unterstützung, wenn sie wissen, dass ihre Lehrer sie in ihrem Veränderungsvorhaben begleiten.

Eine Möglichkeit der Unterstützung liegt in den so genannten »Punkte-Plänen«. Diese sollen die Schülerinnen und Schüler in ihrem Wunsch und Bestreben, ihr Verhalten zu verändern, unterstützen (Abb. 13). Die Klassen- und Fachlehrer »überwachen« diese Pläne bzw. begleiten die Bemühungen der Schülerinnen und Schüler und geben Rückmeldung über die Zielerreichung. Schülerinnen und Schüler strengen sich dann umso mehr an, wenn sie eine gute Beziehung zu ihren Lehrern haben und diese aufrechterhalten möchten. Das Bemühen der Lehrer um ihre Schüler ist sehr wichtig. Schüler halten dann umso eher ihre Pläne ein, wenn sie spüren, dass ihre Lehrer echtes Interesse für sie haben, im Kontakt mit ihnen sind und ihnen wirklich helfen wollen.

Mit dem Punkte-Plan wird der Versuch gemacht, eine Verbindung zwischen den verschiedenen Theorien zur Veränderung von Verhalten herzustellen. Der Punkte-Plan ist eine Methode der Verhaltensmodifikation. Die Autorinnen sind davon überzeugt, dass bei der Aufrechterhaltung von Verhalten viele Faktoren wirksam sind, interne und auch externe. Viele Schülerinnen und Schüler reagieren sehr positiv auf die Punkte-Pläne und damit auf die externen Verstärker. Diese geben ihnen den sichtbaren Beweis, ein Ziel erreicht zu haben.

Eine andere Möglichkeit der Verstärkung besteht in einem Beobachtungsbogen, den die Lehrerinnen und Lehrer für einen bestimmten Schüler jeweils am Ende einer Stunde ausfüllen. Schülerinnen und Schüler, die Schwierigkeiten damit haben Regeln einzuhalten, freuen sich über diese Rückmeldung und empfinden sie als Hilfe (Abb. 14).

Ich erhalte Punkte, wenn ich es schaffe, folgende Regeln einzuhalten:

Regeln   **Anzahl der Punkte**

1. _____   ◯

2. _____   ◯

3. _____   ◯

4. _____   ◯

Ich darf meine Punkte eintauschen:

Anzahl der Punkte können eingetauscht werden in:

◯   _____

◯   _____

◯   _____

◯   _____

Abb. 13; KV 11: Mein Punkte-Plan

Wo-Tag	1. Stunde		2. Stunde		3. Stunde		4. Stunde		5. Stunde		6. Stunde	
	Fach	L	Fach	L	Fach	L	Fach	L	Fach	L	Fach	L
Mo												
Di												
Mi												
Do												
Fr												

Beobachtungsbogen für _____

Er hat sich gut verhalten und mitgearbeitet   ++
Er hat sich an die Regeln gehalten   +
Er musste ermahnt werden   o
Er hat den Trainingsraum besucht   –

Abb. 14; KV 12: Beobachtungsbogen

Ford (1997, 1999) betont immer wieder, wie wichtig es sei, dass der Lehrer den Plan nicht einfach zur Seite legt, sondern den Schüler in seinem Vorhaben, sich demnächst an die Regeln der Schule halten zu wollen, begleitet und unterstützt. In jedem Fall sollte der Lehrer durch eine ermutigende Haltung dem Schüler zur Seite stehen, sein Ziel zu erreichen. Dies kann er schon allein dadurch, dass er versucht, eine gute Beziehung zu ihm herzustellen, ihm offen und wohl wollend gegenübersteht. Das Bemühen, eine gute Lehrer-Schüler-Beziehung herzustellen – Ford (1997) nennt dies »quality time« und »creating community via classroom discussions« – steht im Mittelpunkt des Programms und ist ein entscheidender Faktor für das Gelingen. Je besser die Beziehung zwischen Lehrer und Schüler, desto leichter fällt es dem Schüler, Regeln zu akzeptieren und einzuhalten.

Wenn Schülerinnen und Schüler sich im Trainingsraum verweigern

Verweigern sich Schüler im Trainingsraum, wollen dort nicht mitarbeiten oder stören (was allerdings sehr selten vorkommt), werden ihnen dieselben Fragen wie im Klassenraum gestellt, und sie können sich nun wiederum entscheiden, entweder im Trainingsraum mitzuarbeiten oder aber nach Hause zu gehen. Die Kardinalfrage lautet jeweils wieder: »Was möchtest du?« Die Schüler wissen, dass sie am nächsten Morgen nur in Begleitung ihrer Eltern wieder in die Schule kommen dürfen und zunächst wieder in den Trainingsraum gehen müssen, wenn sie sich dazu entscheiden, nach Hause zu gehen. Wichtig ist, ihnen die Entscheidung zu überlassen. Wenn die Schüler auf die Frage: »Weißt du, was passiert, wenn du hier nicht mitarbeitest?« antworten: »Dann gehe ich nach Hause«, sollte sich der Trainingsraumlehrer noch einmal vergewissern, ob der Schüler über die Konsequenzen Bescheid weiß. Er stellt die Frage: »Und du weißt, dass du dann morgen mit deinen Eltern gemeinsam zu einem Gespräch zur Schule kommen musst?« Bejaht der Schüler diese Frage, könnte der Lehrer ihm noch eine Chance geben: »Und willst du das«? Wenn der Schüler auch diese Frage bejaht, muss er gehen.

Viele Schüler fahren zu einer bestimmten Uhrzeit mit dem Bus nach Hause oder werden abgeholt oder sind zu jung, als dass sie alleine und ohne Begleitung nach Hause geschickt werden können. Schüler, die aus irgendeinem der obigen oder auch anderen Gründe nicht sofort nach Hause gehen können, verbleiben bis zum regulären Unterrichtsschluss in der Schule, an einem Ort unter Aufsicht, notfalls auch im Trainingsraum.

Dies alles ist organisatorisch geregelt und auch mit der Schulpflegschaft abgesprochen. Alle Eltern der Schule hatten vor Einführung des Programms die Möglichkeit, sich durch schriftliche Informationen und auch auf Elternabenden gründlich informieren zu lassen.

Eine Ablaufskizze soll den gesamten Prozess, von der ersten und zweiten Störung in der Klasse, der Entscheidung in den Trainingsraum zu gehen, der dortigen Mitarbeit oder auch Verweigerung bis hin zum Elterngespräch noch einmal verdeutlichen (Abb. 15):

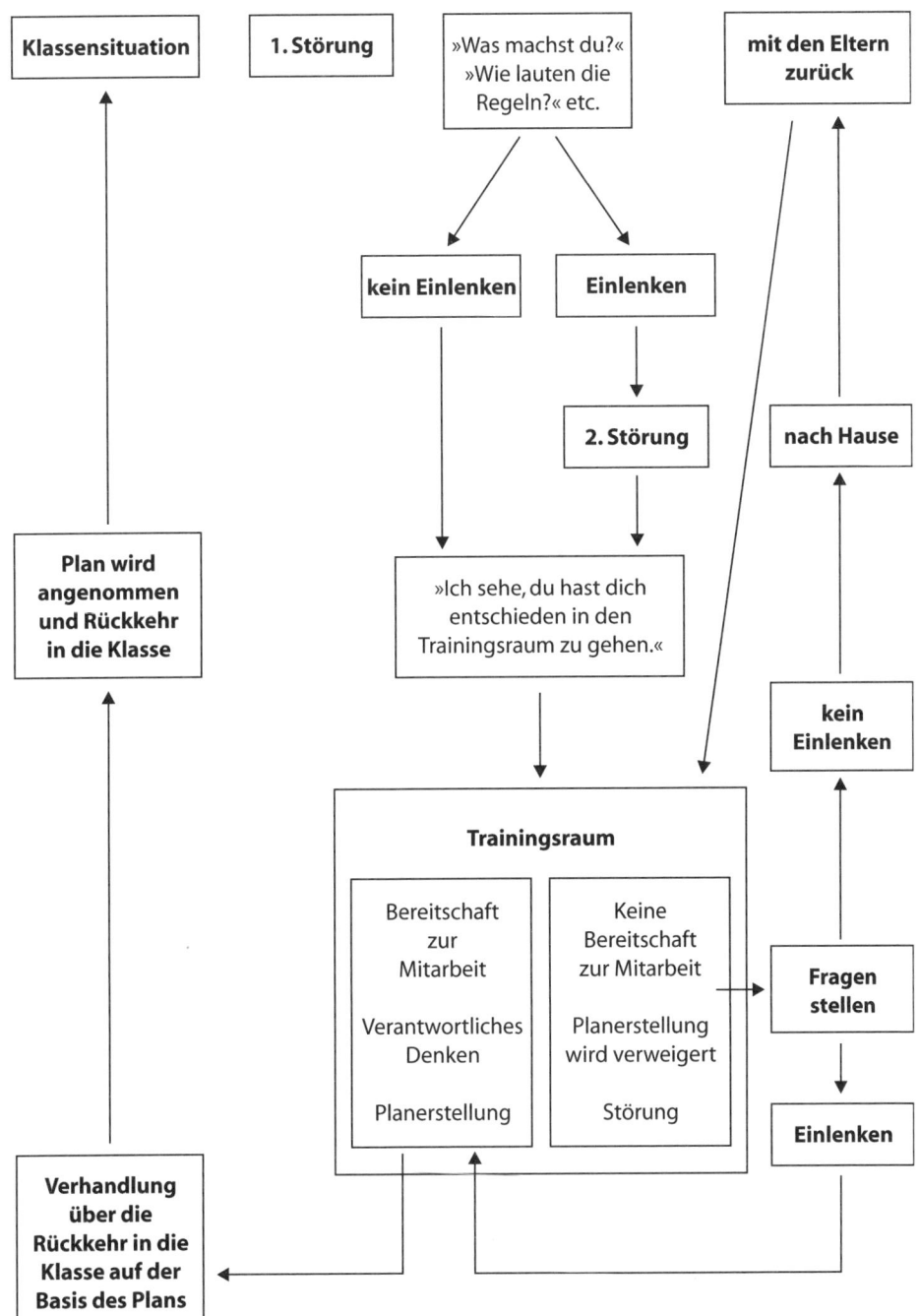

Abb. 15; KV 13: Ablaufskizze zum Vorgehen in Klassenraum und Trainingsraum

8. Ist das Programm auch für Grundschulen geeignet?

Eine kindgerechte Durchführung ist notwendig

Zwei Fragen werden häufig gestellt: 1. Sind Grundschulkinder überhaupt schon in der Lage, eigenverantwortlich zu denken und zu handeln? 2. Ist das Programm auch schon in Grundschulen durchführbar? Die erste Frage zielt auf die entwicklungspsychologische Befähigung zur Selbstreflexion und Selbstkontrolle von Grundschulkindern ab, auf ihre kognitiven, sozialen, emotionalen und motivationalen Fähigkeiten und Fertigkeiten. Die zweite Frage hängt zwar mit der ersten zusammen, berührt aber darüber hinaus mehr den organisatorischen Ablauf, der in Grundschulen schwieriger als in weiterführenden Schulen umzusetzen ist.

Zahlreiche Experimente mit Vorschulkindern haben belegt, dass schon Kinder ab ca. vier Jahren – und damit erst recht Grundschulkinder – über Bewusstseinsvorgänge verfügen (»theory of mind«), die es ihnen ermöglichen, einen Perspektivenwechsel vorzunehmen und damit sowohl zu kognitiver als auch emotionaler Perspektivenübernahme fähig sind. Grundschulkinder sind in der Lage, über das eigene Denken, Fühlen, Wollen und die eigene Wahrnehmung zu reflektieren (»Metakognition«), sich entgegengesetzte Bedürfnisse zu vergegenwärtigen und mit einiger Erfahrung und durch eigenes Bemühen momentane Wünsche immer länger aufzuschieben (Bischof-Köhler 1998, S. 354ff.). Damit sind die entscheidenden Voraussetzungen für Selbstreflexion und Selbstkontrolle bei ihnen gegeben.

Können Grundschulkinder ihre Handlungen steuern? Einer Handlungssteuerung geht jeweils die Wahrnehmung einer Situation, die Aktivierung von Erwartungen, Motiven und die Entscheidung über Strategien voraus. Handlungssteuerung besteht vor allem darin, gelernte oder angeborene Verhaltenstendenzen zu steuern, was zunächst durch Fremdkontrolle, jedoch mit zunehmendem Alter vor allem mit Hilfe der Selbstkontrolle geschieht. Drei Arten der Selbstkontrolle sind bei Vorschul- und Grundschulkindern gut untersucht. Es sind dies die Kontrolle motorischer Reaktionen, der Belohnungsaufschub und die Fähigkeit, einer Versuchung zu widerstehen. Grundschulkinder besitzen diese Fähigkeiten und entwickeln sie während ihrer Grundschulzeit bei entsprechender Unterstützung ständig weiter (Holodynski/Oerter 2002). Sie sind in der Lage, einfache und klar formulierte Regeln zu befolgen, Handlungspläne zu entwerfen, sie sprachlich auszudrücken und die Folgen zu antizipieren. Alle Schülerinnen und Schüler – und damit auch Grundschüler – machen tagtäglich die Erfahrung, dass sich zwei oder mehrere Motive in ihren Realisierungen widersprechen können, dass z. B. die kurzfristige Befriedigung eines Motivs ein anderes ebenso bedeutsames Motiv kurzfristig unerfüllbar erscheinen lässt. Damit kommen sie unter Entscheidungsdruck und müssen eine Handlungsregulation vornehmen, bei der Emotionen und Willensprozesse eine große Rolle spielen. Handlungen können emotional und willentlich angestoßen, zurückgehalten oder auch modifiziert werden. Der Fähigkeit zum Bedürfnisaufschub kommt dabei eine wichtige Funktion zu, damit eine zielführende Handlung auch dann ausgeführt werden kann, wenn sie für sich genommen langweilig oder gar unangenehm ist.

Holodynski und Oerter (2002, S. 581ff.) beschreiben eine Reihe von Strategien, derer sich schon Kleinstkinder bis ins Schulkind- und Jugendalter hinein bedienen, um ihre Emotionen und auch ihre Willenshandlungen zu beeinflussen. Sie erlernen diese Strategien schon im frühesten Kindesalter in der Familie, im Kleinkindalter im Kindergarten und zunehmend und immer ausdifferenzierter in der Schule. Voraussetzung dafür sind jedoch u. a. ein vertrautes und stabiles Umfeld, direkte und klare Anweisungen der Bezugspersonen, Modelllernen und auch Konsequenzen. Damit Grundschulkinder lernen, reflexiv zu handeln, d. h. in die Phasen der Überlegung, des Abwägens und Planens einzutreten und zwischen Ziel und Ausführung einer Handlung, zwischen Wunsch und Wahrnehmung der augenblicklichen Situation zu unterscheiden, leistet das Programm zur Stärkung der Eigenverantwortung eine wertvolle Hilfe.

Auch Grundschulkinder können Eigenverantwortung lernen

Die Antwort auf die erste Frage lautet: Ja, auch Grundschulkinder können lernen, eigenverantwortlich zu denken und zu handeln, wenn ihnen dazu Unterstützung angeboten wird. Viele Kinder haben jedoch bis zu ihrem Schuleintritt wenig oder auch keine Hilfe erhalten, sodass sie es nicht gelernt haben, über ihr Tun und dessen Folgen nachzudenken, aber das heißt nicht, dass sie nicht dazu fähig wären. Über das eigene Tun nachzudenken und auch die Folgen zu bedenken, sollte Bestandteil der sozialen und emotionalen und damit auch der schulischen Erziehung sein. Es ist von großer Bedeutung, gerade auch jüngere Kinder schon mit Regeln bekannt zu machen und dafür zu sorgen, dass sie eingehalten werden. Auch jüngere Kinder sollten wissen, dass sie Rechte haben und dass sie die Rechte anderer Kinder und auch die Rechte Erwachsener respektieren müssen, gerade auch dann, wenn ihre eigenen Bedürfnisse in Konflikt mit denen anderer sind.

In den USA wird das Programm auch schon bei vierjährigen Kindern und bei Kindern mit Lern-, Sprach- und Hörbehinderungen sowie bei Kindern, die besondere Erziehungshilfen benötigen, mit Erfolg angewandt (Ford 1997). Es wird angestrebt, dass auch diese Kinder sich schon für die Einhaltung von Regeln und für ihr eigenes Tun verantwortlich fühlen und Verantwortung nicht von sich schieben. Auch für sie gilt:

> **Ich bin für mein Tun und Handeln
> selbst verantwortlich**

Die zweite Frage bezieht sich auf die Organisation und Durchführung des Programms, speziell in Grundschulen. Im Allgemeinen sind Grundschulen kleinere Schulen, d. h. sie haben weniger Schülerinnen und Schüler und weniger Lehrerinnen und Lehrer, das Kollegium ist nicht so groß wie an Haupt-, Real- und Gesamtschulen oder auch an Gymnasien üblich. Grundschulen haben normalerweise nicht die Flexibilität in der Unterrichtsplangestaltung wie weiterführende Schulen, es gibt weniger Spring- und Freistunden, obendrein herrscht das Klassenlehrer- und nicht das Fachlehrerprinzip. Ein und dieselbe Lehrerin unterrichtet häufig den gesamten Vormittag in ihrer Klasse.

Damit stellen sich die organisatorischen Hauptprobleme, woher Grundschulen einen Trainingsraum nehmen sollen, wenn sie keinen freien Raum zur Verfügung haben und wie sie den Trainingsraum, wenn sie ihn denn einrichten, besetzen und wie sie gewährleisten können, dass er über den gesamten Schultag hinweg mit einer Lehrerin oder einem Lehrer belegt ist. Es handelt sich hierbei sowohl um Raum- als auch um Personalprobleme.

Viele Grundschulen haben sich die Frage gestellt, ob sie aufgrund dieser oftmals unüberwindlichen Schwierigkeiten das Programm überhaupt übernehmen können. Sie waren von den Zielen des Programms sehr angetan und überzeugt davon, dass es sowohl für die Kinder als auch die Lehrerin sehr wirkungsvoll und nützlich sein könnte. Um nicht gänzlich darauf verzichten zu müssen und um wenigstens einzelne Bestandteile und Grundideen daraus verwirklichen zu können, haben sich die meisten Grundschulen dafür entschieden, das Programm grundschulgerecht, d. h. mit einigen Abänderungen durchzuführen. Ihnen war es wichtig, den Leitgedanken, der auch für Grundschulen gilt, aufzugreifen und zu realisieren, nämlich:

> **Jeder hat das Recht auf einen ungestörten Unterricht.**

Dazu gehören Regelbewusstsein und Regeleinhaltung, Eigenverantwortung, Antizipation der Folgen des eigenen Tuns und Entscheidungsfähigkeit.

Der Trainingsraum wird in den Klassenraum verlegt

Um diese Gedanken in Grundschulen umsetzen zu können, ist ein anderes Prozedere als in weiterführenden Schulen notwendig. Wenn Grundschulen nicht über einen Trainingsraum verfügen können, aber dennoch Elemente des Programms verwirklichen möchten, müssen sie aus der Not eine Tugend machen und den »Trainingsraum« in den Klassenraum hinein verlegen. Dies ist mit Sicherheit eine Notlösung, aber – wie viele Grundschulleiterinnen versichern – immer noch besser als gar nichts.

Wenn Grundschulkinder mehrmals den Unterrichtsablauf stören und nicht in der Lage sind, am Unterricht störungsfrei teilzunehmen, müssen zunächst einmal die Rechte der anderen Kinder auf störungsfreien Unterricht gewahrt werden. Daher setzt sich das störende Kind an einen Extraplatz, der sich im hinteren Teil des Klassenzimmers befindet oder auch in einem an den Klassenraum direkt angrenzenden und durch ein Sichtfenster getrennten Nebenraum. Eine solche Möglichkeit gibt es in vielen Grundschulen, da sie offenen Unterricht, Freiarbeit etc. praktizieren und dafür ohnehin mehr Raum benötigen. Hier kann das Kind dann über sein Verhalten nachdenken und erhält dabei Hilfen. Bevor diese dargestellt werden, sollen zunächst einmal weitere kleine, aber für Grundschulen bedeutungsvolle, Abänderungen geschildert werden.

Visualisierung der Regeln und der Pläne

Grundschulen müssen der Tatsache Rechnung tragen, dass die Schülerinnen und Schüler der ersten Klasse noch nicht schreiben und lesen können. Ihnen müssen also die Regeln in anderer als nur in Schriftform dargebracht werden. Hier bietet sich eine Visualisierung in Form von Symbolen an. Auch die Reaktion der Lehrerinnen auf Unterrichtsstörungen muss leicht abgeändert und dem Verständnis der jüngeren Schülerinnen und Schüler angepasst werden.

In Grundschulen genügt es, vier statt fünf Fragen zu stellen:

Fragen bei Unterrichtsstörungen in der Grundschule
1. Was machst du?
2. Gegen welche Regel verstößt du?
3. Willst du weiter am Unterricht teilnehmen, ohne zu stören?
4. Wenn du wieder störst, was passiert dann?

Die erste Frage ist wichtig, damit der störende Schüler innehalten und sein Tun beschreiben kann. Mit der zweiten Störung benennt der Schüler die Regel, gegen die er verstoßen hat. Bei der dritten Frage wird seine Entscheidungsfähigkeit herausgefordert, entweder weiter am Unterricht teilzunehmen, ohne zu stören, oder aber sich gleich an den »Extra-Tisch« zu setzen. Die vierte Frage ist deshalb von Bedeutung, weil Schüler, die ein zweites Mal stören, sich sofort dorthin begeben, ohne dass ihnen die Fragen gestellt werden.

Wie sehen die Regeln aus, auf die Kinder verwiesen werden, wenn sie gestört haben, und wie werden Grundschulkinder auf die Regeln aufmerksam gemacht, die sie noch nicht lesen können? Die Regeln dürfen erstens nicht zu umfangreich sein, sondern sollten sich nur auf die in der Grundschule üblichen Hauptstörungen beziehen und sollten zweitens grundschulkindgerecht dargeboten werden, d. h. in visualisierter Form als Symbole, die eindeutig zu »lesen« sind.

Die meisten Störungen beziehen sich in der Grundschule auf das spontane Dazwischenreden der Kinder, auf ihre motorische Unruhe und Neigung, aufzustehen und durch die Klasse zu laufen sowie darauf, dass sie sich leicht ablenken lassen, nicht nach vorn gucken und sich nicht melden, wenn sie etwas zu sagen haben. Die positiv formulierten Regeln könnten folgendermaßen heißen:

Regeln für Grundschulkinder

- Ich bin leise und höre zu.
- Ich bleibe auf meinem Platz sitzen.
- Ich schaue nach vorn und arbeite mit.
- Wenn ich etwas zu sagen habe, melde ich mich.

Die Symboldarstellungen können von jeder Grundschule frei gewählt und als Clip-Arts aus dem Internet heruntergeladen werden. Eine andere Möglichkeit besteht darin, sie von den Kunstlehrerinnen der Schule gemeinsam mit den Kindern malen bzw. zeichnen zu lassen. Die Symbole können zusätzlich mit dem Text versehen werden, so dass sie in den zweiten, dritten und vierten Klassen mit zunehmendem Leseverständnis weiter verwendet werden könnten. Sie sollten gut sichtbar als Klassenregeln in der Klasse hängen (Abb. 16).

Ich bin leise und höre zu!

Ich bleibe auf meinem Platz sitzen!

Ich schaue nach vorn und arbeite mit!

Wenn ich etwas zu sagen habe, melde ich mich!

Abbildung 16: KV 14: Visualisierte Regeln für die Grundschule

Die Regeln werden ähnlich wie in weiterführenden Schulen mit den Kindern einer Klasse besprochen, sodass alle Kinder den Aussagegehalt der Symbole kennen. Wenn ein Kind gegen eine Regel verstößt, wird es gefragt, was es gerade tue. Es soll dann sein Verhalten beschreiben und die Regel nennen, gegen die es verstoßen hat, z.B. »leise sein und zuhören«. Ganz wichtig ist wie auch in den weiterführenden Schulen die Entscheidungsfrage, denn sie bringt das Kind dazu, eine Entscheidung über sein Tun zu treffen. Will es weiter am Unterricht teilnehmen, ohne zu stören, darf es an seinem Platz sitzen bleiben. Zeigt es keine Bereitschaft dazu, muss es sich an den »Tisch zum Nachdenken« setzen. Wenn die Lehrerin das Kind dazu auffordert, sich an den Tisch zum Nachdenken zu begeben, kann sie eine Karte hochhalten, die ihm dies signalisiert (Abb. 17).

Abb. 17; KV 15: Hinweiskarte, sich an den »Tisch zum Nachdenken« zu begeben

Der »Tisch zum Nachdenken« kann einen besonderen Namen haben, es kann auch ein besonderes Plüschtier dort sitzen, das dem Tisch seinen Namen gibt, z.B. »Topsi-Tisch« oder »Struki-Tisch«, und dem Kind beim Nachdenken hilft. Es ist wichtig, dass die Kinder diesen Tisch nicht als »Straf-Tisch« ansehen, sondern als Hilfe- und Unterstützungstisch, als Möglichkeit zum Nachdenken.

Der Tisch ist ein Ersatz für den Trainingsraum, der in vielen Grundschulen aufgrund der schulischen Gegebenheiten häufig nicht eingerichtet werden kann. Hier soll das Kind zur Ruhe kommen, darüber nachdenken, was es gemacht hat, gegen welche Regel es verstoßen hat und wessen Rechte es damit verletzt hat. Auf dem Tisch liegt ein Zettel, auf dem das Kind entsprechend ankreuzt und überlegt, wie es sein Verhalten verbessern will. Zu diesem Zweck wird das Kind mithilfe eines Symbols auf einen Karteikasten verwiesen, der auf dem Tisch steht und in dem laminierte Symbolkarten stecken, von denen sich das Kind diejenige oder auch diejenigen aussuchen kann, die seinem zukünftigen Verhalten am besten entsprechen (Abb. 18).

Name: _____ Klasse: _____ Datum: _____ Uhrzeit: _____

1. Was habe ich gemacht?

Ich habe geärgert ☐

Ich habe mich gestritten ☐

Ich bin herumgelaufen ☐

Ich habe geredet / in die Klasse gerufen ☐

Ich habe Geräusche gemacht ☐

Ich habe mit dem Stuhl gekippelt ☐

Ich habe _____

2. Wessen Rechte habe ich verletzt?

Ich habe die Gruppe beim Lernen gestört ☐

Ich habe den Lehrer beim Unterrichten gestört ☐

3. Mein Plan: Was will ich besser machen?

_____   _____
(Unterschrift Lehrer/Lehrerin)   *(Unterschrift Schüler/Schülerin)*

Abb. 18; KV 16: Plan für Grundschulkinder, die noch nicht schreiben können

Einige Beispiele, wiederum ClipArts, sollen dies veranschaulichen (Abb. 19):

Abb. 19; KV 17: ClipArts

Abb. 20; KV 18: ClipArts

Abb. 21; KV 19: ClipArts

Diese Vorgehensweise ist für Kinder gedacht, die noch nicht lesen können. Das Grundschulkind der ersten oder auch der zweiten Klasse füllt zunächst die obere Hälfte des Zettels (Abb. 18) aus, d.h. es kreuzt seine Störung an. Dann überlegt es, wessen Rechte es damit verletzt hat und kreuzt auch hier entsprechend an. In der unteren Hälfte des Blattes wird es durch das Symbol »Auge« auf den Karteikasten verwiesen, der auf dem Tisch steht. Nun schaut sich das Kind alle Karten in Ruhe genau an, überlegt dabei, wie es sein Verhalten verbessern kann und sucht sich die entsprechende Karte aus, die das Verhalten zeigt, das es sich zu Eigen machen möchte. Dann geht es mit dem Zettel und der Karte zu seiner Lehrerin, wartet einen passenden Moment ab und bespricht mit ihr das, was es sich vorgenommen hat zu tun. Wenn die Lehrerin zustimmen kann, setzt sich das Kind an seinen Platz und nimmt wieder am Unterricht teil. Viele Grundschullehrerinnen sagen, dass sie sich häufig noch die Zeit nehmen, mit dem Kind in der großen Pause zu sprechen.

Ältere Grundschulkinder füllen einen anderen Zettel aus, der speziell für diejenigen Schülerinnen und Schüler gedacht ist, die schon schreiben können. In der oberen Hälfte ist der Zettel mit dem für jüngere Schülerinnen und Schüler identisch, in der unteren Hälfte sind jedoch Linien, auf denen die älteren Schülerinnen und Schüler direkt ihren Plan schreiben können.(Abb. 22).

Name: _____ Klasse: _____ Datum: _____ Uhrzeit: _____

1. Was habe ich gemacht?

Ich habe geärgert ☐   Ich habe mich gestritten ☐

Ich bin herumgelaufen ☐   Ich habe geredet / in die Klasse gerufen ☐

Ich habe Geräusche gemacht ☐   Ich habe mit dem Stuhl gekippelt ☐

Ich habe _____

2. Wessen Rechte habe ich verletzt?

Ich habe die Gruppe beim Lernen gestört ☐   Ich habe den Lehrer beim Unterrichten gestört ☐

Mein Plan: Was will ich besser machen?

_____

_____

_____

_____

_____   _____
(Unterschrift Lehrer/Lehrerin)   *(Unterschrift Schüler/Schülerin)*

Abb. 22; KV 20: Plan für ältere Grundschulkinder

Grundschullehrerinnen berichten übereinstimmend, dass schon die erste und zweite Frage (»Was tust du?« und »Gegen welche Regel verstößt du?«) die Kinder bei Regelverstößen innehalten lassen und sie veranlassen, sich zu besinnen und auch zu bemühen, dem Unterricht ohne zu stören zu folgen.

Es versteht sich von selbst, dass manche der oben aufgeführten Regeln bei bestimmten Arbeitsphasen außer Kraft gesetzt sind und bei anderen wiederum gelten. Es gibt Kommunikations-, Kooperations- und Arbeitsregeln, die mit den Kindern vorher abgestimmt werden und die auch wieder verändert werden können. Regeln sollen nicht einschränken, sondern eine Orientierung für das eigene Handeln geben. So soll es selbstverständlich möglich sein, dass Grundschülerinnen und -schüler bei Freiarbeit, Gruppenarbeit und im Offenen Unterricht oder Projektunterricht aufstehen, sich in der Klasse bewegen, ihre Arbeitsmaterialien aus den Schränken holen, miteinander reden, sich gegenseitig helfen und unterstützen. Die Regeln geben Sicherheit dafür, was erlaubt und was nicht erlaubt ist. Grundschülerinnen und -schüler haben einen anderen Bewegungsdrang als Schüler der weiterführenden Schulen, und diesem soll weiterhin stattgegeben werden. In vielen Grundschulen dürfen die Kinder trinken und zum Wasserhahn laufen, wenn sie Durst haben, sie suchen selbstverständlich die Toilette auf, wenn sie das Bedürfnis haben. Aber auch hier sollte die Regel beibehalten werden, dass die Kinder sich zumindest melden und damit ihre Handlung ankündigen. Wie die einzelnen Grundschulen das Programm umsetzen, welche Regeln sie mit den Kindern gemeinsam abstimmen, wann sie gelten sollen und wann nicht, bleibt voll und ganz den Schulen selbst überlassen. Die Flexibilität in der Umsetzung und die Anpassung an die gegebenen institutionellen Verhältnisse und Möglichkeiten müssen in jedem Fall gewahrt bleiben.

9. Elterngespräche

Grundkonsens in Erziehungsfragen

Elternhaus und Schule sollten sich einig sein über die Grundregeln des Zusammenlebens in der Schule und über die Leitlinien der gemeinsamen Erziehung. Solche Grundregeln und Leitlinien sollten gemeinsam entwickelt, erarbeitet und in Schulprogrammen niedergeschrieben werden. Es können dabei klare Verhaltensregeln und -erwartungen beschrieben werden, die ein geordnetes Schulleben ermöglichen. Diese Vereinbarungen schreiben die Werte fest, die in einer Schulgemeinschaft wichtig sind.

Die Zusammenarbeit zwischen Schule und Eltern ist nicht immer leicht. Dennoch wünschen sich sowohl Lehrerinnen und Lehrer als auch Eltern eine gute Kooperation und Kommunikation. Um diese zu erzielen, müssen sich beide Seiten anstrengen und auch gewillt sein, sich in der Erziehungsarbeit gegenseitig zu unterstützen. Das Ziel ist eine »Erziehungspartnerschaft« (Ministerium für Schule, Jugend und Kultur des Landes NRW 2002, S. 13). Sie kann nur auf der Basis gegenseitiger Anerkennung gelingen. Ein offener Austausch über die Erziehungsleistungen von Elternhaus und Schule, über Möglichkeiten der Zusammenarbeit und über die Notwendigkeit von Absprachen und gemeinsam vollzogenen Konsequenzen ist nötig, d. h., es wird ein »Pakt für Erziehung und Bildung geschlossen« (ebd., S. 20). Daran sind sowohl die Eltern als auch die Lehrerinnen und Lehrer und die Schülerinnen und Schüler beteiligt. Der Grundkonsens in Erziehungs- und Bildungsfragen im Schulalltag stellt die Basis dar.

Gründe für das Elterngespräch

Neben der Gestaltung von Elternabenden, zwanglosen Gesprächen auf Schulfesten und bei Projektpräsentationen sowie von vielen Schulen angebotenen Elternsprechstunden, an denen eine vertrauensvolle Beziehung zwischen Elternhaus und Schule hergestellt und gefestigt und Erfahrungen und Eindrücke ausgetauscht werden können, gibt es vor allem drei Gründe, aus denen Eltern zu einem Hilfeplangespräch gebeten werden:

> ➢ Der Schüler weigert sich, in den Trainingsraum zu gehen.
>
> ➢ Der Schüler verweigert im Trainingraum seine Mitarbeit.
>
> ➢ Der Schüler besucht häufig den Trainingsraum und hält sich nicht an seine Pläne.

Der häufigste Grund für Elterngespräche sind Schüler, die sehr oft den Trainingsraum besuchen und nicht in der Lage oder auch willens sind, ihre Pläne umzusetzen. Sie stören weiter den Unterricht und brauchen daher zusätzliche Hilfe. An diesem Punkt beginnt spätestens die enge und vertrauensvolle Zusammenarbeit zwischen Schule und Elternhaus. Die Eltern sind darüber informiert, dass sie zur Schule kommen müssen, wenn sie vom Klassenlehrer eine Einladung zum Gespräch erhalten. Wenn sich der Schüler geweigert hat, in den Trainingsraum zu gehen oder wenn er dort seine Mitarbeit verweigert, müssen die Eltern gleich am nächsten Morgen mit ihrem Kind zur Schule kommen. Sie wissen, dass ihr Kind so lange nicht mehr am Unterricht teilnimmt, bis das Gespräch mit ihnen geführt worden ist. Dies stellt für Eltern einen großen Anreiz dar, schnellstmöglich zu erscheinen, und die Erfahrung zeigt, dass sie das auch tun.

Wenn der Grund für das Elterngespräch jedoch in den häufigen Trainingsraumbesuchen ihres Kindes liegt und damit in dem geringen Nutzen für sein Verhalten, dann können die Termine variabel zwischen Trainingsraumlehrern, Klassenlehrern und Eltern abgestimmt werden. Ob die Schülerinnen und Schüler bei dem Gespräch mit dabei sind, wird von den Schulen unterschiedlich gehandhabt.

Elterngespräche stellen keine Sanktionsmaßnahme dar. Damit unterscheiden sie sich von den Klassenkonferenzen, zu denen Eltern nicht »gebeten«, sondern »zitiert« werden: Meistens sitzen dann alle in der Klasse unterrichtenden Lehrerinnen und Lehrer den Eltern und dem betreffenden Schüler oder der Schülerin »gegenüber«. Der Klassenlehrer führt das Gespräch und stellt die Situation des Schülers und die Gründe für die Einberufung einer Klassenkonferenz dar. Sehr oft sind Eltern und Schüler in einer Verteidigungsposition und versuchen, sich zu entlasten. Eine Klassenkonferenz endet mit »Sanktionsmaßnahmen«.

Im Unterschied dazu werden Elterngespräche im Rahmen des Programms nicht mit dem Ziel geführt, dem Schüler Strafen oder Sanktionen aufzuerlegen, sondern Hilfsangebote zu machen, die gemeinsam mit den Eltern beschlossen werden. Elterngespräche sind von Partnerschaftlichkeit zwischen Eltern und beteiligten Lehrern getragen.

Das Interventionsteam

Das Interventionsteam ist ein erweitertes Elterngespräch und wird von Tim und Margret Carey (1999, S. 66) »Jewel in the Crown of RTP« genannt. Diese Bezeichnung unterstreicht seine Bedeutung im Prozess. Es ist vor allem für diejenigen Schülerinnen und Schüler gedacht, die »frequent flyers« genannt werden (Ford 1997, S. 70), d.h., die den Trainingsraum sehr häufig aufsuchen. Nach amerikanischen und auch unseren Erfahrungen gehen ca. 80 Prozent aller Schülerinnen und Schüler einer Schule nie in den Trainingsraum, ca. 15 Prozent ein- bis zweimal und die restlichen 5 Prozent sehr häufig. Es sind meistens diejenigen, die sich partout nicht an Regeln halten können oder wollen und die massive Verhaltensprobleme haben.

Diese Kinder benötigen offensichtlich besondere Hilfe, die ihnen durch das Interventionsteam auch gewährt werden soll.

Das Interventionsteam setzt sich aus dem Trainingsraum- und dem Klassenlehrer sowie den Eltern und/oder einer zusätzlichen Vertrauensperson des Schülers zusammen. Seine Aufgabe ist es, ähnlich wie im Elterngespräch, mit allen Beteiligten gemeinsam zu besprechen, welche Hilfen und Unterstützung dem Kind noch gegeben werden könnten. Manch ein Schüler braucht die Hilfe eines Schulpsychologen, eines Sozialarbeiters oder aber die Beratung eines Arztes, wenn es darum geht, festzustellen, ob er organisch und psychisch gesund ist. Viele Kinder haben Hör- und Sprachprobleme, motorische Auffälligkeiten oder massive Aufmerksamkeitsstörungen, die die Ursache für kognitive, emotionale und auch soziale Probleme sein können. Für das Interventionsteam stellt jedes Kind, über das gesprochen wird, eine Herausforderung dar, und zwar im positiven Sinne.

Das Hauptanliegen der Mitglieder des Interventionsteam ist es, im gemeinsamen Gespräch die »kontrollierten Variablen« des betreffenden Schülers – es können auch mehrere zur gleichen Zeit sein – herauszufinden. Da diese immer zu Wünschen und Zielen in Beziehung stehen, gilt es, diese wiederum mit den Regeln und Wertvorstellungen des Schülers und auch seiner Familie in Verbindung zu bringen.

Oftmals stellt sich dann im Gespräch mit den Eltern heraus, dass diese sein Verhalten durch Bemerkungen wie: »Ich war auch kein Goldkind« oder »Er soll sich ruhig durchsetzen« oder »Eine Tracht Prügel hat noch niemandem geschadet, greifen Sie nur kräftig durch« unterstützen. Solche Bemerkungen verraten häufig mehr über die Eltern als diese ahnen, und es ist dann Aufgabe der Trainingsraum- oder auch Klassenlehrerin, den Eltern zu erklären, dass es keine Prügelstrafe mehr gibt und dass es das Erziehungsziel der Schule ist, den Schüler zu einem selbstständigen und eigenverantwortlichen Mitglied der Gesellschaft zu erziehen. Ähnlich wie ihre Kinder reden sich auch Eltern oft heraus und verweisen auf das Verhalten anderer, die »noch viel schlimmer seien« oder aber sie beschuldigen den Lehrer, sich nicht durchsetzen zu können. Mitglieder des Interventionsteams können dann ähnliche Fragen stellen wie der Klassen- bzw. Fachlehrer in der Klasse oder auch der Trainingsraumlehrer im Trainingsraum, nämlich: »Über wen reden wir jetzt?« Ziel des Gesprächs im Interventionsteam ist es nicht, über das Verhalten eines anderen Menschen zu reden, sondern nur über das Verhalten des betreffenden Schülers. Es kann allerdings durchaus Aufgabe des Schulleiters sein, mit dem »beschuldigten« Lehrer ein Kritikgespräch zu führen, jedoch zu einem anderen Zeitpunkt.

Bei dem folgenden Gespräch geht es um Martin, einen Jungen aus der 5. Klasse: Martin war in den letzten zwei Monaten schon sechsmal im Trainingsraum. Seine Pläne nutzen wenig. Er fällt immer wieder wegen seiner Unruhe, Zappeligkeit und Unkonzentriertheit auf. Gemeinsam mit dem Trainingsraumlehrer, Herrn Z., lädt die Klassenlehrerin, Frau M., Peters Eltern, das Ehepaar Herrn und Frau Winter zu einem Gespräch ein. Die Klassenlehrerin hat die Gesprächsführung inne, sie beginnt und beendet das Gespräch.

Ein Elterngespräch

Fr. M. Guten Morgen, Frau Winter, guten Morgen Herr Winter. Das ist Herr Z., der Trainingsraumlehrer. Ich freue mich, dass Sie es möglich gemacht haben, beide heute Früh zu kommen. Das ist vielleicht nicht ganz leicht für Sie gewesen?

Hr. W. Das kann man wohl sagen. Ich hab nicht viel Zeit, muss gleich in die Firma. Was gibt's denn so Dringendes?

Fr. M. Das möchten wir gerne in Ruhe mit Ihnen besprechen und haben uns dafür auch extra Zeit genommen. Wir versuchen aber, Ihre Zeit nicht unnötig in Anspruch zu nehmen. Es ist auf jeden Fall schön, dass Sie, Herr Winter, auch mitgekommen sind. Ihre Frau und ich haben ja schon des Öfteren über Martins Verhalten im Unterricht gesprochen.

Fr. W. Ja, das letzte Mal haben wir darüber gesprochen, dass Martin so oft Unsinn macht und nicht aufpasst.

Fr. M. Ja und genau darum geht es jetzt auch. Erzählt Martin zu Hause davon, wenn er in den Trainingsraum gegangen ist?

Fr. W. Hm, wenig, meistens müssen wir ihn direkt fragen, ob er sich ordentlich benommen hat, und dann weicht er nur aus.

Fr. M. Also, wenn ich das richtig verstehe, erzählt Martin Ihnen nicht viel von der Schule. Dann ist es natürlich schwierig für Sie zu wissen, wie er sich wirklich im Unterricht verhält, dass er sehr unruhig ist, Faxen macht, nicht aufpasst usw.

Hr. W. Ich sage so oft zu ihm: Junge, wenn du nicht aufpasst, dann gibt's was hinten drauf!

Hr. Z. Und wie oft kommt es vor, dass es etwas hinten drauf gibt?

Fr. W. Ganz selten, aber anschreien tut er ihn regelmäßig! Ja, und dann läuft Martin weg, versteckt sich in seinem Zimmer. Manchmal läuft er auch ganz raus aus der Wohnung. Dann krieg ich es richtig mit der Angst. Mein Mann erschreckt ihn richtig! Ich finde das nicht gut!

Fr. M. Sie sind sich da nicht immer einig?

Fr. W. Ja, ist doch klar, mein Mann ist einfach zu cholerisch, der arme Junge zittert dann richtig!

Hr. Z. Herr Winter, ist es so, dass Ihnen manchmal einfach die Hutschnur hochgeht?

H. W. Ja, das kann man so sagen. Ich kann den Jungen manchmal in seiner Hippeligkeit einfach nicht ertragen!.

Fr. M. Frau Winter, welche Vermutung haben Sie, warum Martin sich so verhält?

Fr. W. Er gibt sich ja Mühe, aber er kann einfach nicht ruhig sein, er ist immer in Bewegung.

Fr. M. Wie kommen Sie auf die Idee, er *kann* es nicht?

Fr. W. Das hat mir Dr. B. gesagt. Ich war neulich mit Martin bei ihm. Er kennt ihn von klein auf und weiß, dass er unruhig ist. Er hat ihn untersucht und den Fragebogen zur Hyperaktivität ausgewertet. Er sagt, Martin könnte tatsächlich hyperaktiv sein, und es sei sehr schwierig für solche Kinder, eine ganze Stunde lang still zu sitzen.

Fr. M. Ja, das ist sehr gut, dass Sie das von Dr. B. haben abklären lassen. Als ich den Fragebogen ausgefüllt habe, ist mir auch noch einmal bewusst geworden, wie stark seine Unruhe und sein Bewegungsdrang sind.

Hr. Z. Das fällt mir sogar auf, wenn er in den Trainingsraum kommt, und meine Trainingsraumkollegen sagen das auch. Er kann kaum still sitzen, er ist immer in Bewegung, und wenn er über sein Verhalten nachdenken soll, schweift er immer ab, schaut aus dem Fenster und sieht plötzlich dies und jenes.

Hr. W. Ja, dann müssen Sie ihn mal ordentlich anpfeifen!

Hr. Z. Glauben Sie, dass es das ist, was Martin braucht?

Fr. W. Also, ich glaube das nicht. Mein Mann glaubt immer, Martin würde das alles mit Absicht machen. Aber er kann es nicht.

Fr. M. Haben Sie einen Vorschlag, was wir in der Schule machen können, damit er weniger stört und mehr aufpasst?

Hr. W. Also bei uns gab's früher welche drauf, wenn wir nicht gespurt haben!

Hr. Z. Ja, früher war das so. Aber an unserer Schule haben wir ja den Trainingsraum und da versuchen wir mit dem Schüler zu reden und ihn zum Nachdenken zu bringen.

Fr. W. Das finde ich auch gut. Mein Mann sollte auch mehr mit dem Jungen reden!

Fr. M. Sie möchten, dass Ihr Mann sich mehr um Martin kümmert?

Fr. W. Ja, das wäre sehr schön, dann hätte Martin sicherlich auch mehr Vertrauen zu ihm!

Fr. M. Herr Winter, könnten Sie sich vorstellen, Martin mehr Zeit zu widmen?

Hr. W. Ja, ja, ich werde hier so als Berserker hingestellt, das bin ich ja nun auch nicht.

Fr. M. Sie haben das Gefühl, Ihnen wird jetzt die ganze Schuld zugeschoben?

Hr. W. Kann man so sagen!

Fr. M. Es ist ja auch für Eltern nicht so ganz einfach, mit einem hyperaktiven Kind umzugehen. Da kann man schon einmal die Geduld verlieren. Das geht manchen Eltern so. Sollten wir uns jetzt einmal Gedanken darüber machen, was Sie zu Hause und wir in der Schule tun können?

Hr./Fr.W. Ja, das würde uns auch interessieren.

Hr. Z. Wenn ich Martin im Trainingsraum frage, was er denn damit bezweckt, wenn er stört, was antwortet er Ihrer Meinung dann wohl?

Hr. W. Bestimmt: »Aus Jux und Tollerei«, vermute ich.

Hr. Z. Nein, dann sagt er oft, er könne einfach nicht mehr sitzen, alles täte ihm weh, er müsse dann irgendwie in Bewegung kommen.

Fr. M. Martin fällt es anscheinend sehr schwer, ruhig sitzen zu bleiben. Wir haben schon überlegt, wie wir es ihm erleichtern könnten, eine ganze Schul-

	stunde auszuhalten. Wir könnten ihn z. B. die Hefte austeilen oder auch einsammeln lassen, dann hätte er mehr Bewegung.
Fr. W.	Das würde ihm bestimmt gefallen. Könnte er nicht vielleicht auch eine ganz kurze Runde auf dem Schulhof drehen, wenn er wieder mal so unruhig wird?
Fr. M.	Das könnte etwas schwierig werden wegen der dann fehlenden Aufsicht. Stellen Sie sich nur vor, er würde hinfallen und sich etwas brechen.
Hr. W.	Hm, hm, das kann aber auch passieren, wenn Sie dabei sind!
Hr. Z.	Das ist richtig, aber dennoch, wir dürfen Kinder während des Unterrichts nicht unbeaufsichtigt auf den Hof lassen.
Fr. M.	Haben Sie schon einmal daran gedacht, Martin an einem Entspannungstraining teilnehmen zu lassen?
Fr. W.	Das wäre bestimmt eine gute Idee!
Hr. W.	Und wozu soll das gut sein?
Hr. Z.	In Entspannungskursen lernen Kinder, sich zu entspannen und z. B. ganz ruhig zu atmen. Sie werden dadurch ruhiger und können sich auch besser konzentrieren. Mich würde jetzt einmal interessieren, was Martin denn nachmittags macht.
Fr. W.	Eigentlich nichts Besonderes. Er spielt und bastelt.
Hr. Z.	Ist er denn in einem Verein?
Hr. W.	Er war im Fußballverein, aber da hat er aufgehört.
Hr. Z.	Hat es ihm denn Spaß gemacht?
Fr. W.	Nö, Fußball spielen lag ihm überhaupt nicht.
Fr. M.	Was glauben Sie, würde ihm denn liegen?
Fr. W.	Er möchte Tischtennis spielen.
Fr. M.	Ah ja, das könnte ich mir sehr gut für ihn vorstellen. Es würde ihm bestimmt gut tun, regelmäßig zum Tischtennisspielen zu gehen.
Fr. W.	Das habe ich ja schon immer gesagt.
Fr. M.	Herr Winter, wie sehen Sie das?
Hr. W.	Meinetwegen, von mir aus kann der Junge dorthin gehen.
Fr. M.	Dann möchte ich auch mit Blick auf die Uhr jetzt einmal zusammenfassen. Wir haben darüber gesprochen, dass Martin hyperaktiv ist und viel Bewegung braucht. Seine Störungen im Unterricht geschehen nicht aus böser Absicht, sondern einfach, weil er es nicht mehr aushält auf seinem Platz. Wir müssen ihn also unterstützen, wir Lehrer in der Schule und Sie als Eltern zu Hause. Wir nehmen uns vor, ihm in der Schule mehr Möglichkeiten zur Bewegung zu verschaffen, und Sie als Eltern erlauben ihm, in einen Tischtennisverein einzutreten und ein Entspannungstraining mitzumachen. Das ist doch schon mal ein erster Schritt.
	Und vielleicht könnten Sie, Herr Winter, öfter mal mit Martin etwas Schönes unternehmen und ihn auch loben, wenn er in der Schule gut aufgepasst hat.
Hr. W.	Ja, das könnten wir mal versuchen.

Fr. M.	Jetzt gucken wir erst mal, wie es läuft. Vielleicht hilft das, was wir besprochen haben, Martin ja schon ein bisschen. Und in zwei Wochen telefonieren wir noch einmal miteinander. Es wäre schön, wenn Sie uns anrufen würden.
Fr. W.	Ja, das machen wir. Dann auch schönen Dank.
Hr. Z.	Wir danken auch. Auf Wiedersehen.
Hr. W.	Jetzt muss ich aber auch wirklich los.

Das Gespräch ist von Respekt gegenüber den Eltern getragen. Die beiden Lehrer nehmen nicht die Rolle der »Besserwissenden« ein, sondern entwickeln mit den Eltern gemeinsam Ideen, wie sie Martin helfen können. Die Betonung liegt auf »helfen« und nicht auf »strafen«. Die Eltern fühlen sich angenommen und können daher offen und frei sprechen, ohne sich beschuldigt oder gar angeklagt vorzukommen.

In Elterngesprächen wird nach zusätzlichen, eventuell auch außerschulischen Maßnahmen gesucht, die dem Schüler helfen könnten, sein Verhalten zu ändern. Das können – wie bei Martin – Entspannungskurse oder auch nachmittägliche Aktivitäten und Freizeitbeschäftigungen sein, das können aber auch Besuche bei einer Familienberatungs- oder auch schulpsychologischen Beratungsstelle sein, die angeraten werden. Ob die Eltern den Rat annehmen, bleibt ihnen überlassen. Auch Eltern sind nicht mit Druck zu einem bestimmten Verhalten zu bewegen.

Die Verabredung für eine Rückmeldung ist auch deshalb sinnvoll, damit Schule und Elternhaus weiterhin im Gespräch bleiben und gemeinsam verfolgen, wie die Wirkung auf Martins Verhalten sein wird und ob Martin die Hilfe annehmen kann. Damit Elterngespräche angenommen werden, müssen die Eltern über das Vorhaben der Lehrerinnen und Lehrer, ihre Kinder zu mehr Eigenverantwortung erziehen zu wollen, informiert sein. Sie müssen die Ziele kennen, die mit dem neuen Vorgehen verbunden sind, die speziellen Fragen der Lehrerinnen und Lehrer bei Störungen im Unterricht, die Entscheidungsmöglichkeit der Schülerinnen und Schüler sowie den gesamten Ablaufprozess, einschließlich ihrer Mithilfe, wenn die Schule allein nicht weiterkommt.

Elterngespräche und/oder Interventionsteams sind zentraler Bestandteil des Prozesses. Tim und Margret Carey (1999, S. 70) betonen den einladenden (»invitational«) Charakter eines solchen Gesprächs, das keine Züge von Bestrafung und Sanktionen aufweist. Das Interventionsteam trifft keine Entscheidungen darüber, was der Schüler tun soll, sondern entwickelt gemeinsam mit den Eltern Vorschläge. Das Interventionsteam kann ebenfalls darüber nachdenken, ob es vielleicht zu Hause oder auch in der Schule eine Vertrauensperson gibt, die ihre Beziehungen zu dem betreffenden Schüler noch festigen könnte. Die Bedeutung von »quality time« wird den Eltern bewusst gemacht, sodass sich auf diesem Wege eine Möglichkeit finden ließe, einen Zugang zum Schüler zu finden.

10. Wie werden Eltern und Schüler informiert?

Die Bereitschaft zur Mitarbeit ist wichtig

Die Eltern werden auf einem Elternabend informiert

Die Eltern nehmen einen wichtigen Part im Ablauf des Programms des Eigenverant-wortlichen Denkens ein. Daher ist ihre Bereitschaft zur Mitarbeit von entscheiden-der Bedeutung. Sie werden spätestens dann um Mithilfe gebeten, wenn einer der drei oben genannten Gründe eintritt, und die Schule alleine in Erziehungsfragen nicht weiterkommt. Schule und Elternhaus arbeiten eng zusammen.

Damit die Zusammenarbeit zwischen Schule und Elternhaus auch gut funktio-niert, ist nicht nur die vorherige Abstimmung über das Programm in der Schulkon-ferenz sehr wichtig, sondern auch eine Information aller Eltern der Schule über das Programm notwendig. Ein Einladungsbrief, in dem eine Kurzinformation gegeben wird, wird an alle Eltern geschickt, mit der Bitte zu einem Elternabend zu kommen, um sich dort ausführlich über Einzelheiten des Programms des Eigenverantwort-lichen Denkens und Handelns informieren zu lassen (s. Einladung zum Elternabend S. 98).

Programm
»Eigenverantwortliches Denken«

Einladung zu einem Elterninformationsabend

Liebe Eltern und Erziehungsberechtigte,

*Sie haben sicherlich schon häufiger von Ihren Kindern gehört, dass Unterrichtsstörungen den Alltag in der Schule zunehmend belasten. Schülerinnen und Schüler erwarten zu Recht einen Unterricht, in dem sie **in Ruhe lernen** können. Wir Lehrerinnen und Lehrer möchten ebenso ohne Störungen unterrichten können und Ihre Kinder zu einem guten Schulabschluss führen. Unser gemeinsames Ziel ist es, Ihren Kindern **die bestmöglichen Chancen für die Zukunft** zu geben. Hier möchten wir nun ansetzen und auch mit Ihrer elterlichen Unterstützung und Mithilfe das Programm **Eigenverantwortliches Denken und Handeln in der Schule** nach dem Amerikaner E. Ford in unserer Hauptschule einführen und anwenden.*
*Gute Chancen haben die Menschen, die selbst über ihr Leben entscheiden und es verantwortlich in die Hand nehmen können. Genau hier versucht das Programm zu helfen. Unterrichtsstörungen sollen vermieden und wertvolle Unterrichtszeit erhalten bleiben. Schülerinnen und Schüler sollen verstärkt angeleitet werden, **Verantwortung für ihr Tun und Handeln** zu übernehmen und **die Rechte anderer zu respektieren.** Diese Rechte lauten:*

Jede Schülerin und jeder Schüler hat das Recht, ungestört zu lernen.
Lehrerinnen und Lehrer haben das Recht, ungestört zu unterrichten.
Alle müssen stets die Rechte der anderen beachten und respektieren.

Das Neue an diesem Programm: Wenn die Schülerinnen und Schüler diesen Regeln nicht folgen wollen, stören sie den Unterricht. Damit treffen sie die Entscheidung den Unterricht zu verlassen. In einem besonderen Raum mit Hilfe der dort anwesenden LehrerInnen erstellen sie einen Plan, wie sie in Zukunft ohne zu stören am Unterricht teilnehmen wollen. Sobald Schülerinnen und Schüler gelernt haben, Verantwortung für sich zu übernehmen, können sie mit dieser neuen Fähigkeit auch zu Hause und in der Freizeit Probleme besser bewältigen. Wir sind ganz sicher, dass die positiven Ausstrahlungen des Programms auch zu Hause spürbar sein werden.

In vielen Schulen zeigt das Programm bereits gute Ergebnisse. Schülerinnen und Schüler entwickeln ein wachsendes Gespür für Selbstverantwortung und eigenverantwortliches Handeln. Wir erwarten von seiner Durchführung an unserer Schule eine Entspannung des Klassen- und Schulklimas und mehr Freude und Erfolg beim Lernen. Es ist uns Lehrerinnen und Lehrern ganz wichtig, Sie über dieses Programm ausführlich zu informieren, weil es ohne Ihr Mittun nicht den gewünschten Erfolg haben wird.

Kommen Sie darum bitte zu diesem Elternabend und lassen sich ausführlich informieren und Ihre Fragen zu diesem Programm beantworten.

Mit freundlichen Grüßen

―――――――――――

(Schulleiter)

Der Elternabend wird jeweils von den Trainingsraumlehrerinnen und -lehrern vorbereitet und durchgeführt.

Rede an die Eltern

Zu Beginn begrüßt der Schulleiter die Anwesenden und erklärt, wie es zur Einführung des Programms gekommen ist. Dann wird am besten von ihm selbst oder von einem der Trainingsraumlehrer ein einführender Vortrag, speziell für Eltern abgestimmt, gehalten. Er könnte folgendermaßen lauten, kann natürlich variiert und modifiziert werden:

»Liebe Eltern,
wir alle, die wir heute Abend hier sitzen, sind – so nehme ich an – Mütter oder Väter. Wir haben vielleicht Kinder in ganz unterschiedlichem Alter: Kinder, die die Schule schon hinter sich haben – und dann sind wir meistens sehr froh – oder aber Kinder, die noch einige Schuljahre vor sich haben oder gerade erst mit großen Erwartungen die Schule betreten haben, dann möchten wir ihnen von Herzen eine gute Schulzeit wünschen, an die sie sich später mit guten Gefühlen erinnern und von der sie sagen können, dass sie etwas gelernt haben, und zwar nicht nur Wissen, sondern auch etwas, was wir Lebenskompetenz nennen.
Wenn wir uns als Mütter und Väter einmal fragen, was wir uns für unsere Kinder wünschen, was sie auf jeden Fall lernen sollen und was wir ihnen als Eltern und auch als Lehrer gerne mit auf ihren Lebensweg geben möchten, dann, glaube ich, sind wir uns alle darin einig, dass wir gerne möchten, dass unsere Kinder selbstständig werden und später ihr Leben selbst in die Hand nehmen können. Was heißt das nun: selbstständig werden?
Selbstständig werden heißt in Verantwortung für sich und andere zu handeln und Verantwortung für sich und sein Tun zu übernehmen. Das setzt Entscheidungsprozesse voraus. Wir entscheiden tagtäglich über Dinge, ohne groß darüber nachzudenken. Viele unserer Entscheidungen treffen wir aber auch in bewusster Abwägung der Konsequenzen. Es gibt viele Zwänge in unserem Leben, und wir tun manche Dinge, auch wenn wir vielleicht gerne anderes lieber tun würden. Wichtig ist jedoch, dass wir uns darüber bewusst werden, warum wir etwas tun, dass wir unser Verhalten reflektieren, d. h. darüber nachdenken.
Liebe Eltern, warum erzähle ich Ihnen dies alles? Ich erzähle Ihnen das, weil wir Eigenverantwortung und Entscheidungsfähigkeit als wichtige Erziehungsziele ansehen und weil wir unseren schulischen Erziehungsauftrag ernst nehmen.
Die Lehrerinnen und Lehrer unserer Schule haben sich zu einem einheitlichen Vorgehen bei Unterrichtsstörungen entschlossen. Sie können sich sicherlich vorstellen, wie nervend, ärgerlich und enttäuschend es oft für uns Lehrer ist, wenn wir ständig bitten, ermahnen, oft auch schimpfen müssen und dabei stets gezwungen sind, unseren Unterricht zu unterbrechen. Die Mehrzahl der Schülerinnen und Schüler will ja

lernen und leidet ebenfalls unter diesen dauernden Unterbrechungen. Immer wieder hören wir, dass selbst die Schüler sich darüber beklagen, dass es zu laut ist und sie sich nicht konzentrieren können.

Wir Lehrer und Lehrerinnen möchten nun erreichen, dass jeder Schüler und jede Schülerin sich selbst verantwortlich fühlt für die Lernatmosphäre in der Klasse. Wir möchten ihnen klar machen, dass sie selbst über ihr Verhalten entscheiden können und an die Konsequenzen denken, die dann eintreten, wenn sie sich nicht an die Regeln halten, die wir gemeinsam mit ihnen aufgestellt haben.

Regeln sind sehr wichtig für das Zusammenleben, das wissen Sie, liebe Eltern sehr genau. Ohne Regeln, Pflichten und Rechte des Einzelnen funktioniert keine Gemeinschaft. Dieses Wissen möchten sich die Lehrerinnen und Lehrer dieser Schule zu Nutze machen und in Zukunft die Regeln des Zusammenlebens mit allen Schülerinnen und Schülern verstärkt besprechen.

Die Grundregeln unserer Schule lauten:

1. *Jeder Schüler, jede Schülerin hat das Recht auf einen guten Unterricht und die Pflicht, diesen störungsfrei zu ermöglichen.*
2. *Jeder Lehrer, jede Lehrerin hat das Recht auf einen störungsfreien Unterricht und die Pflicht, diesen gut zu gestalten.*
3. *Rechte und Pflichten von Lehrern und Schülern müssen gewahrt, respektiert und erfüllt werden.*

Diese Grundregeln müssen für den Geltungsbereich Schule natürlich noch viel konkreter ausgedrückt werden. Sie könnten z. B. folgendermaßen lauten:

> ➤ Ich höre zu, wenn andere sprechen.
>
> ➤ Ich warte, bis ich aufgerufen werde.
>
> ➤ Ich achte das Eigentum anderer.
>
> ➤ Ich spreche höflich.
>
> ➤ Ich gehe rücksichtsvoll mit anderen um.
>
> ➤ Ich befolge die Anweisungen des Lehrers/der Lehrerin.
>
> ➤ Ich passe im Unterricht auf und beteilige mich.

Regeln sind im Prinzip auch nichts Neues, es hat sie immer schon gegeben, aber was nun neu ist an unserer Schule, besteht darin, dass die störenden Schülerinnen und Schüler systematisch auf Regelverstöße hingewiesen werden, um ihnen diese bewusst zu machen. Es werden klare Grenzen gesetzt und bei Überschreiten dieser Grenzen wird konsequent reagiert. Die Schüler kennen die Konsequenzen und sie haben nun die Wahl: Sie können ihr Verhalten ändern, dann ist es in Ordnung, sie können aber auch sich für den Regelverstoß entscheiden, dann müssen sie allerdings mit den angekündigten Konsequenzen rechnen. Sie treffen selbst die Wahl und müssen dann dafür auch die Verantwortung tragen. Die Konsequenzen bestehen darin, dass sie über ihr Verhalten nachdenken und einen Plan schreiben müssen, wie sie es schaffen, sich störungsfrei zu verhalten.

Der Kernpunkt unseres Vorgehens ist und bleibt die gute Beziehung zwischen Lehrern und Schülern. Diese gute Beziehung gilt es, verstärkt aufzubauen. Kinder müssen, um sich wohl fühlen zu können, das Gefühl haben, dass wir Lehrer uns um sie kümmern und ihnen helfen, die Regeln einzuhalten. Im Klassenraum sieht das so aus:

Der Lehrer stellt dem störenden Schüler maximal fünf Fragen. Ganz wichtig bei diesem Vorgehen ist, dass der Schüler die Wahl hat, sich zu entscheiden. Er kann sein Störverhalten ändern, aber auch beibehalten. Der Lehrer gibt dem Schüler auf jeden Fall die Chance, sein Verhalten zu ändern, und erst, wenn er dies nicht will und/ oder nicht tut, dann kommt sein Verhalten der Entscheidung gleich, den Klassenraum zu verlassen.

Die Schülerinnen und Schüler werden immer gefragt, was sie denn möchten, und sie werden aufgefordert, sich zu entscheiden. Stören sie weiter und verletzen sie weiterhin die Regeln, denen sie vorher ja zugestimmt haben, dann kommt dies der Entscheidung gleich, den Klassenraum zu verlassen und in einen anderen Raum zu gehen, wo sie mit Hilfe eines dafür ausgebildeten Lehrers oder einer Lehrerin über ihr Verhalten nachdenken und einen Plan erstellen können, wie sie es schaffen, nicht mehr zu stören. Dieser Raum wird Trainingsraum genannt. Dort hält sich während eines gesamten Schultages jeweils stundenweise ein Lehrer oder eine Lehrerin auf und hilft denjenigen Schülern, die sich entschieden haben, den Klassenraum zu verlassen, einen Plan zu erstellen und sich an die vereinbarten Regeln zu halten.

Sie sehen, liebe Eltern, wir haben uns viele Gedanken gemacht, wie wir Ihre Kinder zu mehr Eigenverantwortung erziehen können, und wir bitten Sie nun auch um Ihre Mithilfe, denn Ihre Mitarbeit ist wichtig. Unterstützen Sie Ihre Kinder darin, die Hilfe der Lehrerinnen und Lehrer in Anspruch zu nehmen und über ihr Verhalten nachzudenken, damit die vielen tausend Unterrichtsstörungen endlich weniger werden und Ihre Kinder das lernen, was der Lehrplan für sie bereithält und damit Ihre Kinder nicht ständig von anderen Kindern davon abgehalten werden zu lernen.

Es kann vorkommen, dass Kinder sich weigern, in den Trainingsraum zu gehen. In diesem Fall schicken wir das Kind nach Hause und bitten Sie, unmittelbar am nächsten Tag mit Ihrem Kind zu einem Gespräch in die Schule zu kommen. Ihr Kind darf so lange nicht am Schulunterricht teilnehmen, bis wir das Gespräch mit Ihnen geführt haben. Sie ersehen daraus, wie wichtig uns das Gespräch mit Ihnen ist, und wir bitten Sie deshalb herzlich zu kommen.

Ich danke Ihnen«.

Programm
»Eigenverantwortliches Denken«

Elternbrief

Sehr geehrte Eltern,

in unserer Schule wird in den kommenden Tagen, nach Zustimmung durch die Schulkonferenz, ein Programm zur Lösung von Disziplinproblemen in der Schule eingeführt, das sich in vielen Schulen bereits sehr gut bewährt hat. Wir erhoffen uns von der Durchführung des Programms eine Entspannung des Klassen- und Schulklimas und mehr Spaß und Erfolg beim Lernen für alle Schülerinnen und Schüler.

Die Hauptidee des Programms, das Ihnen in Pflegschaftssitzungen und während eines Informationsabends vorgestellt wurde, besteht darin, allen Schülerinnen und Schülern, die den Unterricht stören, verantwortliches Denken beizubringen. Unser Ziel ist es, Schülerinnen und Schüler anzuleiten, die Rechte anderer zu respektieren und verantwortlich für sich und andere zu denken und zu handeln. Diese Fähigkeit kann auch dazu beitragen, zu Hause und in der Freizeit Probleme besser zu bewältigen.

Bitte beachten Sie: Sollte Ihr Kind im Trainingsraum auch nach nachdrücklichem Hinweis auf die Regeln weiterhin stören, muss es direkt nach Hause gehen und am nächsten Schultag in Ihrer Begleitung zur Schule zurückkehren.

Bitte bestätigen Sie mit Ihrer Unterschrift , dass wir mit Ihrer Unterstützung rechnen können.

Mit freundlichen Grüßen

_____

(Schulleiter)

_____

(Unterschrift der/des Erziehungsberechtigten)

Eine kleine Vorführung

Im Anschluss an diesen Vortrag könnte ein Szenenspiel erfolgen, das von mehreren Trainingsraumlehrerinnen und -lehrern dargestellt wird. Sie spielen eine typische Unterrichtsstunde, in der ein Lehrer zu unterrichten versucht, aber durch Störungen daran gehindert wird. Die Lehrer stellen nun den gesamten Ablauf dar: Die Störung des Unterrichtsablaufs durch einen Schüler, die Reaktion des Lehrers, den Frageprozess, die zweite Störung des Schülers und sein Verlassen des Klassenraumes, einschließlich des Gesprächs im Trainingsraum. Die Eltern sind erfahrungsgemäß beeindruckt und begrüßen das Vorgehen sehr. Sie hören und erleben, dass weder im Klassenzimmer noch im Trainingsraum geschimpft wird, sondern dass der Klassenlehrer sachlich und freundlich reagiert und der Trainingsraumlehrer eine wohl wollende freundliche Atmosphäre herstellt, in der der Schüler die Möglichkeit hat, über sein Verhalten nachzudenken und zu neuen Ideen über sein zukünftiges Verhalten kommen kann.

Bevor das Programm zum Eigenverantwortlichen Denken endgültig gestartet wird, werden alle Eltern der Schule zu einem späteren Zeitpunkt nach dem Elternabend noch einmal schriftlich um ihr Einverständnis zur Mitarbeit gebeten (s. Elternbrief, S. 102).

Die Schülerinnen und Schüler werden im Unterricht informiert

Nicht nur die Eltern müssen vor Einführung des Programms des Eigenverantwortlichen Denkens informiert und wenn möglich ihre Bereitschaft zur Mitarbeit im Prozess gewonnen werden, sondern vor allem auch die Schülerinnen und Schüler selbst. Es muss überlegt werden, wie dies geschehen und wer dies übernehmen soll, die jeweiligen Klassen- oder aber die Trainingsraumlehrerinnen und -lehrer. Es sollte schrittweise vorgegangen werden:

1. Besprechen und Aufstellen von Regeln im Klassenzimmer.
2. Erläuterung des Frageprozesses bei Unterrichtsstörungen.
3. Möglichst anschauliche Darstellung des Gesprächs im Trainingsraum.

In jeder Schule gibt es einen großen Regelkanon, der Schulordnung genannt wird und aus sehr vielen Regeln besteht, die oft allgemein und manchmal auch im Behördenstil abgefasst sind, so z.B.: »Das Mitbringen von Feuerwerkskörpern, Waffen und ähnlichen Gegenständen ist verboten.« Jeder weiß, dass es Schulregeln gibt, aber fast niemand kennt sie im Detail. Sie hängen irgendwo beim Hausmeister oder im Schulsekretariat aus. Es wird selten und nur bei sehr groben Verstößen darauf Bezug genommen. Sie dienen manchmal auch als Sanktionen, getarnt als Abschreibübungen.

Mit den Schülern Regeln vereinbaren

Wie schaffen wir ein gutes Lernklima?

Es gilt, wenige, aber klare Regeln mit den Schülern gemeinsam aufzustellen, die den weiter oben genannten Kriterien entsprechen sollten. Im Allgemeinen werden Regeln von Schülerinnen und Schülern akzeptiert, denn sie wissen, dass es nicht ohne Regeln geht. Die Erarbeitung und Formulierung von Regeln geschieht in einer offenen und angenehmen Atmosphäre, am besten ändert man die Sitzordnung dafür und bildet einen Sitzkreis o. Ä. Die Fragen: »Wie schaffen wir ein gutes Lernklima?« oder auch »Was ist wichtig, damit wir uns wohl fühlen und lernen können?« stellen Anstöße zum Nachdenken dar. Oft beginnen die Schüler damit, erst einmal alles aufzuzählen, was sie nicht möchten, z. B.: »Ich will nicht geschlagen oder gehänselt werden.« Dann gilt es, die »Nicht-Botschaften« in »Stattdessen-Botschaften« zu verwandeln.

Es empfiehlt sich, das Programm mit den jeweils jüngsten Jahrgängen einer Schule zu beginnen, seien es nun Grundschulen oder weiterführende Schulen, das sind in den verschiedenen Bundesländern und Stadtstaaten die I-Dötze der Grundschulen, die Fünftklässler oder auch die Siebtklässler in weiterführenden Schulen. In den Berufsschulen oder auch -kollegs sind es ältere Jugendliche oder schon fast Erwachsene, die angesprochen werden. Wichtig ist, dass man sich an die jeweils jüngsten Jahrgänge einer Schule wendet und nicht mit den ältesten beginnt.

Wenn Schülerinnen und Schüler in eine Schule eintreten, dann beginnt für sie ein Neuanfang. Das Gefühl der Neugier der Schülerinnen und Schüler und ihre Freude auf die »neue Schule« und auch das der Eltern sollte genutzt werden, um die Schule gleich zu Anfang mit ihrem spezifischen pädagogischen Anliegen vorzustellen. So könnten die jeweiligen Klassenlehrerinnen und -lehrer die Grundidee des Programms in Einführungsstunden ihren Schülern altersgemäß verständlich vorstellen, z. B.:

»Wir möchten, dass ihr in unserer Schule etwas lernt und geben uns größte Mühe, euch die bestmöglichen Lernbedingungen zu geben. Wir möchten, dass ihr in einer friedlichen und offenen Atmosphäre lernen könnt, ohne von anderen gestört zu werden. Dazu gehört natürlich auch, dass ihr selbst andere nicht stört und euch selbst auch an die Regeln haltet. Dies ist manchmal nicht ganz einfach, denn dort, wo viele Kinder zusammen sind, gibt es häufig widerstrebende Wünsche und Zielsetzungen. Wir möchten, dass ihr lernt, dann eure Wünsche zurückzustellen, wenn ihr merkt, dass eure Handlungen andere Kinder oder auch euren Lehrer oder eure Lehrerin stören könnten.

Wir haben alle in der Schule dieselben Rechte, nämlich das Recht, ungestörten Unterricht zu erhalten – dieses Recht habt ihr – und das Recht, den Unterricht auch ungestört durchführen zu können – dieses Recht haben wir Lehrer. Wir alle wollen dazu beitragen, dass niemand die Rechte des anderen verletzt. Dies soll unser Grundprinzip sein.

Diese Regeln sind nun noch sehr allgemein gefasst, wir müssen sie für jede Klasse noch einmal neu formulieren, es sei denn, ihr seid mit den Regeln einverstanden, die wir euch jetzt vorstellen« (s. S. 40).

Wenn die Klassenregeln mit allen Schülerinnen und Schülern der fünften Klassen, aber auch sinngemäß und altersentsprechend in allen anderen Klassen besprochen worden sind, sollten sie sichtbar auf großen Plakaten in den Klassenzimmern angebracht werden. Schön wäre es, wenn sie von den Schülerinnen und Schülern für richtig befunden und akzeptiert würden. Die Erfahrung hat gezeigt, dass es nicht allzu schwer ist, einen Konsens unter den Schülerinnen und Schülern über die Sinnhaftigkeit von Regeln herzustellen. Sie stimmen sofort zu, dass es Regeln geben muss, sodass nur noch mit ihnen darüber diskutiert zu werden braucht, auf welche Regeln sie sich einigen.

Es hat sich als sehr vorteilhaft herausgestellt, wenn die Klassenlehrerinnen und -lehrer nicht nur die Regeln mit ihren Schülerinnen und Schülern besprechen, sondern auch das »neue« Vorgehen bei Unterrichtsstörungen. Sie können zwar ihr Verständnis darüber äußern, dass es zu Unterrichtsstörungen kommen kann, aber doch auch unmissverständlich klarstellen, dass Unterrichtsstörungen immer auch gleichzeitig eine Verletzung der Rechte anderer darstellen, auch wenn dies nicht beabsichtigt ist. Sie sollen verdeutlichen, dass es in dieser Schule keine Verletzung der Rechte anderer geben soll und dass, wenn es doch geschieht, die störenden Schüler Hilfe und Unterstützung erhalten sollen, die es ihnen ermöglichen, sich verantwortungsvoller zu verhalten.

Der Frageprozess wird mit den Schülern durchgespielt

Die Klassenlehrerinnen und -lehrer erklären das Vorgehen bei Unterrichtsstörungen und »spielen« mit den Schülern den Frageprozess durch (S. 42). Das kann sogar sehr lustig sein, wenn der Lehrer die Schüler auffordert zu stören und sich so zu verhalten, wie sie es oft tun.

»Also bitte, es möge jetzt einmal einer von euch stören!«

Zunächst mag keiner stören. Der Lehrer muss noch einmal dazu auffordern. Dann stellt er einem Schüler, der eine Störung fabriziert, die erste Frage.

»Was tust du?«

Der Schüler ist nun erfahrungsgemäß sehr verdutzt und weiß nicht, was er antworten soll. Eine mögliche Antwort des Lehrers wäre:

> *»Als Antwort von dir erwarte ich, dass du dein Verhalten beschreibst, einfach das sagst, was du gemacht oder gesagt hast.«* (Der Schüler beschreibt sein Verhalten.)

> *»Dann bitte ich dich, die Regel zu nennen, gegen die du verstoßen hast. Du kannst dir das Plakat mit den Regeln anschauen.«* (Der Schüler nennt die Regel.)

> *»Und jetzt kannst du dich entscheiden, ob du weiter in der Klasse bleiben und ohne zu stören am Unterricht teilnehmen oder ob du in den Trainingsraum gehen willst.«* *»Wie also entscheidest du dich?«* (Der Schüler entscheidet sich zum Bleiben.)

> *»O.K., wenn du dann also in der Klasse bleiben möchtest, fahre ich mit meinem Unterricht fort. Jetzt gucken wir einmal, was passiert, wenn du wieder störst. Bitte störe noch einmal!«* (Der Lehrer wartet ab.)

> *»O.K., wenn ich sehe, dass du ein zweites Mal störst, stelle ich dir nicht mehr die Fragen, sondern ich sage dann zu dir: ›Bitte gehe in den Trainingsraum‹ oder ›Ich sehe, dass du dich entschieden hast, in den Trainingsraum zu gehen‹.«* (Der Schüler bleibt unschlüssig stehen.)

> *»Also jetzt müsstest du gehen.«* (Der Schüler geht.)

Die Schülerinnen und Schüler sollen wissen, dass sie grundsätzlich immer die Wahl haben, so oder auch anders zu entscheiden. Sie sollen möglichst erkennen, dass die Wahlfreiheit immer zugleich eine begrenzte Wahlfreiheit ist, ob im Schulleben oder im gesellschaftlichen Leben.

> *»Auch ich kann entscheiden, wie ich mich verhalte, aber auch ich bin dabei an Regeln gebunden. Wenn ich diese Regeln nicht einhalte, dann muss ich die Konsequenzen tragen.«* (Hier kann der Lehrer Beispiele seines täglichen Lebens bringen: Warten vor einer roten Ampel, Pünktlichkeit bei Schulbeginn usw.)

Wichtig ist, dass die Klassenlehrerinnen und -lehrer den Schülerinnen und Schülern die Grundidee erklären und dass sie ihnen auch sagen, dass sie in jedem Fall gefragt werden, was sie denn gerne möchten. Sie werden immer zur Entscheidung angehalten.

Ein gemeinsamer Gang in den Trainingsraum

Oftmals können sich Schülerinnen und Schüler nicht vorstellen, was im Trainingsraum genau geschieht. Sie sind einerseits sehr neugierig, stehen ihm aber auch mit Skepsis gegenüber. Am besten und am zweckmäßigsten hat es sich erwiesen, wenn alle Schülerinnen und Schüler, vor allem die neuen, zu Beginn eines jeden Schuljahres einmal in den Trainingsraum geführt werden, damit sie sich dort umschauen können. Ihnen wird erklärt, dass sie dort mit einem Trainingsraumlehrer oder auch -lehrerin sprechen können und dass am Ende des Gesprächs ein wohl durchdachter Plan steht, den sie versuchen sollen einzuhalten.

Es kommt sehr auf die positive Art und Weise an, wie die Schülerinnen und Schüler informiert werden. Hier Zeit und Sorgfalt zu investieren, lohnt sich ganz bestimmt, denn von großer Bedeutung ist es, dass die Schülerinnen und Schüler positiv gestimmt sind und das Programm als Unterstützung und nicht als »Disziplinierungsprogramm« und den Trainingsraum nicht als Strafe ansehen.

11. Etwas Bürokratie ist notwendig

Laufzettel und Formulare

Damit das Programm reibungslos und effektiv durchgeführt werden kann, sind eine Reihe von Formularen notwendig, die vorbereitet und in genügender Anzahl den Kolleginnen und Kollegen zur Verfügung stehen sollten. Da sind zunächst einmal die fünf Fragen, die bei Unterrichtsstörungen gestellt werden sollen. Es ist für viele Klassen- und Fachlehrer eine große Hilfe, wenn die Fragen auf kleinen laminierten Kärtchen (DIN-A6-Format) auf den Lehrertisch geklebt sind, sodass sie darauf schauen können. Manche Schulen haben sie auch auf Plakaten im Klassenzimmer sichtbar aufgehängt, sodass sie von Schülern und von Lehrern jederzeit gelesen werden können (S. 42).

Das Zuweisungsformular

Hat sich die Schülerin oder der Schüler entschieden, den Trainingsraum aufzusuchen – in der Regel geschieht dies durch die zweite Störung, nachdem nach der ersten Störung zunächst eingelenkt wurde – füllt der unterrichtende Lehrer bzw. die Lehrerin ein Informationsblatt für den Trainingsraumlehrer (Abb. 23) aus, mit dem sich die Schülerin oder der Schüler zum Trainingsraum begibt.

Zuweisungsformular

Schülerin: _____ Klasse _____

1. Störung:

_____

_____

2. Störung:

_____

_____

3. Weiteres auffälliges Verhalten:

_____

_____

Lehrerin: _____ Datum: _____

Stunde: _____ Zeit: _____

Abb. 23; KV 21: Zuweisung an den Trainingsraum für eigenverantwortliches Denken

Hilfreich für das Gespräch im Trainingsraum ist es, wenn der Klassenlehrer bzw. Fachlehrer, bei dem sich die Störung ereignet hat, sowohl die erste als auch die zweite Störung kurz und prägnant vermerkt. Durch den Eintrag der Uhrzeit ist es möglich zu überprüfen, ob sich der Schüler direkt zum Trainingsraum begeben hat.

Mein Plan

Betritt der Schüler den Trainingsraum, übergibt er das Informationsblatt dem zuständigen Trainingsraumlehrer. Er bekommt von ihm das Formular »Mein Plan« (Abb. 24) und setzt sich damit an einen der Tische.

Programm
»Eigenverantwortliches Denken«

Mein Plan

Was habe ich gemacht?

_____

_____

_____

Welche Regel habe ich gebrochen?

_____

Ich will mich darum bemühen, das Problem zu lösen.   ja ☐   nein ☐

Mein genauer Plan:

Schreibe auf, was du machen willst, um dein Ziel zu erreichen.

_____

_____

_____

_____

Wen fragst du nach versäumtem Unterrichtsstoff und Hausaufgaben?

_____

Wem zeigst du diesen Plan? _____

Wann? _____

Unterschrift: _____

Trainingsraumlehrerln: _____

Abb. 24; KV 22: Mein Plan

Die ersten drei Punkte (Was habe ich gemacht? Welche Regel habe ich gebrochen? Ich will mich darum bemühen, das Problem zu lösen) können selbstständig ausgefüllt werden. Danach signalisiert der Schüler dem Trainingsraumlehrer, dass er zu einem Gespräch bereit ist und setzt sich zu dem Trainingsraumlehrer in die »Gesprächsecke«. Dies ist ein abgeteilter und damit etwas geschützter Teil des Raumes für den Fall, dass noch andere Schüler anwesend sind. Dort entwickelt der Schüler mit Unterstützung des Trainingsraumlehrers Ideen, wie er demnächst wieder ohne zu stören am Unterricht teilnehmen kann. Anschließend trägt er seinen Plan in das Formular ein. Zum Schluss legt er fest, wen er nach dem versäumten Unterrichtsstoff und den Hausaufgaben fragen wird sowie wem er diesen Plan zeigen und wann er dies tun wird. Der Plan wird fotokopiert und mit dem Zuweisungsformular zusammen abgeheftet. Allerdings darf er am Unterricht des betreffenden Lehrers, bei dem er vorher gestört hat, erst wieder teilnehmen, nachdem er vor der nächsten Stunde seinen Plan mit ihm besprochen und der Lehrer ihn akzeptiert hat.

Das Tagesprotokoll

Der Trainingsraumlehrer bzw. die Trainingsraumlehrerin trägt in das Tagesprotokoll ein, wann der Schüler in den Trainingsraum gekommen ist und wann er ihn verlassen hat. Gleichzeitig wird in einer Klassenliste hinter dem Namen das Datum des Trainingsraumbesuches vermerkt.

Tagesprotokoll					
Name	Klasse	Eintritt	Rückkehr	Bemerkungen	TR-L

Mit Hilfe dieser Klassenliste bekommen Lehrerinnen und Lehrer einen schnellen Überblick, wie häufig Schülerinnen und Schüler den Trainingsraum aufsuchen, und über die Möglichkeit, ein Interventionsteam bzw. ein Elterngespräch einzuberufen, kann rechtzeitig nachgedacht werden. Für jede Klasse gibt es einen Aktenordner mit alphabetischem Register. Hier werden die Informationsblätter zusammen mit der Kopie des ausgearbeiteten Plans abgeheftet. Trainingsraumlehrerinnen und -lehrer können auf diese Weise schnell nachschauen, welche Pläne der Schüler bereits erstellt hat, und überlegen, warum sie eventuell nicht erfolgreich waren.

12. Aller Anfang ist schwer

Die ersten Schritte

Die kollegiumsinterne Konferenz

Voraussetzung für eine Implementierung des Programms zur Stärkung der Eigenverantwortung von Schülerinnen und Schülern ist ein deutlicher Wunsch des Kollegiums, andere pädagogische Maßnahmen und Reaktionen auf Unterrichtsstörungen zur Verfügung zu haben und die Bereitschaft, sich auf einer ganztägigen kollegiumsinternen Konferenz über neue Ideen und Vorgehensweisen informieren zu lassen. Damit ist noch nicht gesagt, dass sie bereit sind, das Programm in ihrer Schule auch einzuführen. Die Konferenz hat den alleinigen Sinn, zu *informieren* und zu sensibilisieren. Die Entscheidung des Kollegiums über die Einführung kann dann später in einer nachfolgenden Konferenz erfolgen.

Ford (1999) betont, dass es nicht sinnvoll ist, ein neues Programm in einer Schule einzuführen, wenn das Kollegium mit seinen bisherigen Maßnahmen zufrieden ist und kein Bedürfnis besteht, neue kennen zu lernen. Unsere Erfahrung hat gezeigt, dass viele Kollegien mehrheitlich unzufrieden mit der Wirksamkeit ihrer Maßnahmen sind und dass ein großes Bedürfnis besteht, andere Vorgehensweisen kennen zu lernen. Dies ist eine der Grundvoraussetzungen für die Implementierung.

Wir geben im Folgenden (S. 114) Verlauf und Gestaltung einer solchen kollegiumsinternen Konferenz wieder, wobei unser Vorgehen nur eine der vielen Möglichkeiten der methodischen Durchführung darstellt.

Arbeitsform	Thema
Plenum	Begrüßung, Hinführung zum Thema und Vorstellen des Tagesablaufs.
Zweiergruppen	Besprechen der Fragebogenergebnisse.
Plenum	Kontrolle und Gegenkontrolle.
Plenum	Das Rubberband-Experiment. Die Wahrnehmungskontrolltheorie.
Kaffeepause: 10.30–11.00 Uhr	
Plenum	Das Programm des Eigenverantwortlichen Denkens.
Kleingruppen	Diskussion in Kleingruppen anhand vorbereiteter Fragen.
Plenum	Der Frageprozess im Unterricht.
Mittagspause: 13.00–14.00 Uhr	
Kleingruppen	Die fünf Fragen werden geübt, eine Unterrichtssequenz simuliert.
Paargespräche	Ein Trainingsraumgespräch wird geübt.
Plenum	Formulare und Organisation.
Plenum	Offene Fragen.

Vor Beginn der kollegiumsinternen Konferenz haben wir dem Kollegium einen Fragebogen zugeschickt, um den Grad der Zufriedenheit mit seinen bisherigen Maßnahmen bei Unterrichtsstörungen zu erheben (Abb. 25).

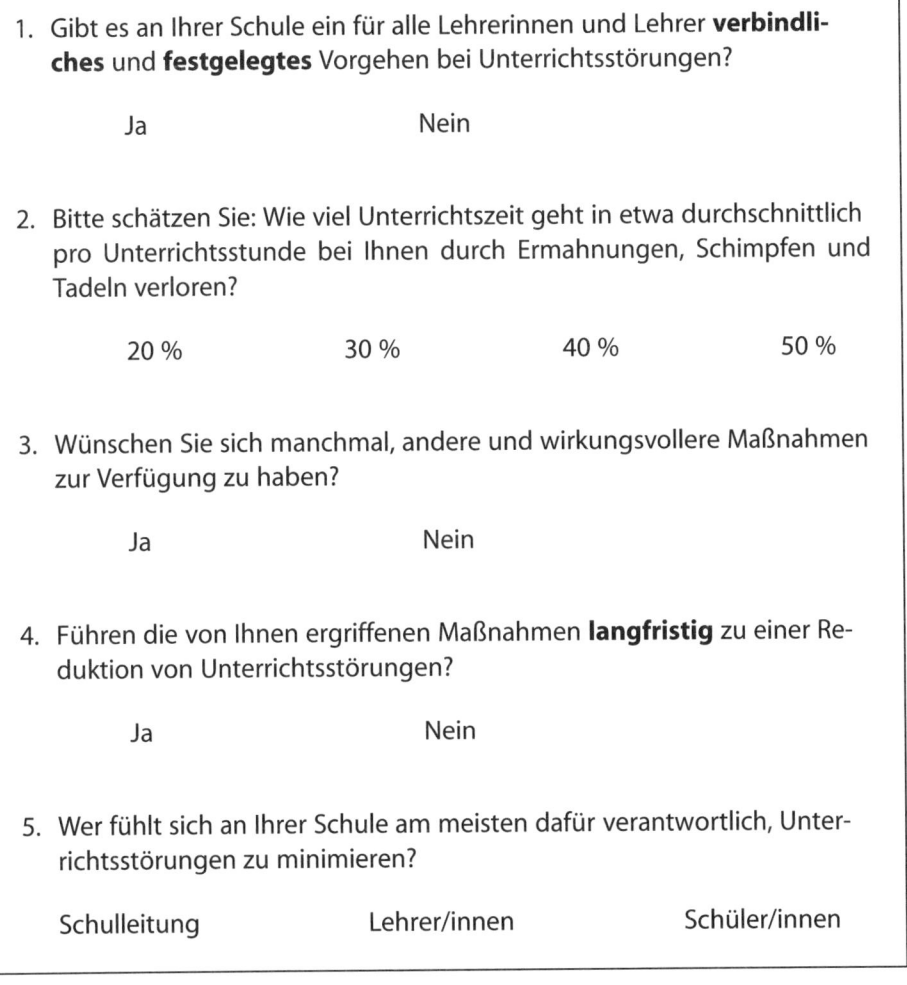

1. Gibt es an Ihrer Schule ein für alle Lehrerinnen und Lehrer **verbindliches** und **festgelegtes** Vorgehen bei Unterrichtsstörungen?

   Ja   Nein

2. Bitte schätzen Sie: Wie viel Unterrichtszeit geht in etwa durchschnittlich pro Unterrichtsstunde bei Ihnen durch Ermahnungen, Schimpfen und Tadeln verloren?

   20 %   30 %   40 %   50 %

3. Wünschen Sie sich manchmal, andere und wirkungsvollere Maßnahmen zur Verfügung zu haben?

   Ja   Nein

4. Führen die von Ihnen ergriffenen Maßnahmen **langfristig** zu einer Reduktion von Unterrichtsstörungen?

   Ja   Nein

5. Wer fühlt sich an Ihrer Schule am meisten dafür verantwortlich, Unterrichtsstörungen zu minimieren?

   Schulleitung   Lehrer/innen   Schüler/innen

Abb. 25; KV 23: Fragebogen zu Maßnahmen bei Unterrichtsstörungen

An die Beantwortung dieser Fragen knüpfen wir zu Beginn der Konferenz an. Sehr oft zeigt sich eine überwiegende Unzufriedenheit vieler Lehrerinnen und Lehrer mit der Wirksamkeit ihrer traditionellen pädagogischen Mittel. Ziel der pädagogischen Konferenz ist zum einen, dem Kollegium den Grundgedanken der Wahrnehmungskontrolltheorie zu erklären und ihnen zum anderen den Prozess zu verdeutlichen.

Das »Rubberband«-Experiment zur Verdeutlichung der Wahrnehmungstheorie

Um dieses Experiment durchzuführen, bedarf es eines Freiwilligen (Vp) aus dem Kollegium. Der Versuchsleiter hat zwei Gummibänder in der Mitte so miteinander verknotet, dass er eines der beiden Schlaufenenden mit dem Zeigefinger festhalten kann und den Kollegen aus dem Kollegium (Vp) bittet, das andere Schlaufenende mit seinem Zeigefinger festzuhalten.

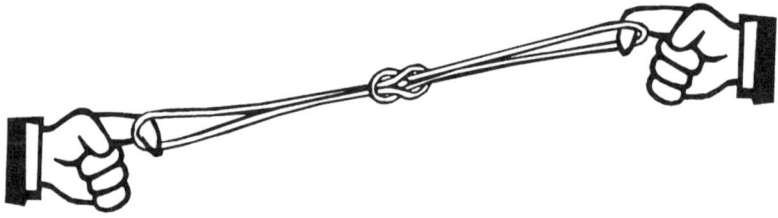

Das Gummiband-Experiment (Quelle: Forssell, 1994, article updated by the author, 2000, S. 17)

Die Mitte der beiden Gummibänder kann auch um eine gelochte Kugel geschlungen sein. An dem Flip-Chart wird ein Punkt mit dem Filzmarker angebracht. Die beiden Gummibänder werden gespannt zwischen den Fingern der Vp und des Versuchsleiters gehalten, wobei die Kugel bzw. der Knoten über dem Punkt gehalten wird. Der Vp wird gesagt, sie möge nun ihren Finger mit dem Gummiband so auf dem Flip-Chart bewegen, wie sie es gerne möchte. Die Vp zieht am Gummiband und bewegt damit ihren Zeigefinger in verschiedene Richtungen. Der Versuchsleiter hält dagegen. Geht die Vp nach rechts oben, geht er nach links unten; geht sie nach links unten, geht er nach rechts oben; macht sie eine linksseitige Kreisbewegung, geht er in die entgegengesetzte Richtung.

Während nun die Vp an ihrem Schlaufenende zieht, mal nach links oder nach rechts, nach oben oder nach unten oder auch kreisförmig, verfolgt der Versuchsleiter nur ein einziges Ziel, nämlich den Knoten bzw. die Kugel über dem auf dem Flip-Chart sichtbar angebrachten Punkt zu halten. Von diesem Ziel weiß die Vp allerdings nichts. Nach dem Versuch wird sie gefragt, welches wohl die Gründe für die Bewegungen des Versuchsleiters gewesen seien. Sie vermutet dann, dass der Versuchsleiter immer das Gegenteil von ihren Bewegungen gemacht hätte, und sie ahnt nicht, dass er nur versucht hat, den Knoten über dem Punkt zu halten.

Die Bewegungen des Versuchsleiters veranschaulichen das Phänomen der Wahrnehmungskontrolle. Seine Absicht besteht einzig und allein darin, den Knoten bzw. die Kugel auf dem Punkt zu halten, und zwar möglichst deckungsgleich. Zwangsläufig muss er dabei Gegenbewegungen zu den Bewegungen der Vp ausführen, aber im Zentrum seiner Wahrnehmung sind nicht die Bewegungen bzw. die Hände der Vp, sondern nur die Position der Kugel. Um dies zu unterstreichen, werden in einem zweiten Durchgang die Hände der Vp durch eine Papptafel verdeckt, sodass der Versuchsleiter nur die Kugel sehen kann. Damit wird deutlich, dass einzig und allein die Entfernung der Kugel vom Punkt seine Referenzwahrnehmung ist.

Variante: Der Versuchsleiter hält ein Gummiband-Schlaufenende mit seinem Zeigefinger fest, die Vp erhält einen Stiftmarker, steckt diesen in die Schlaufe, und dasselbe Experiment wird noch einmal wiederholt, diesmal mit der Instruktion, die Vp möge genau darauf achten, dass der Knoten bzw. die Kugel stets genau über dem Punkt ist. Der Versuchsleiter versucht nun, diese Absicht zu vereiteln, indem er Störmanöver ausführt und am Gummiband zieht, nach links, nach rechts, nach oben, nach unten. Die Vp versucht dagegenzuhalten und ihr Ziel zu erreichen, nämlich den Knoten bzw. die Kugel genau über dem Punkt zu halten. Dabei fährt sie mit dem Stift über das Papier und hinterlässt dadurch eine Kritzelzeichnung auf dem Papier.

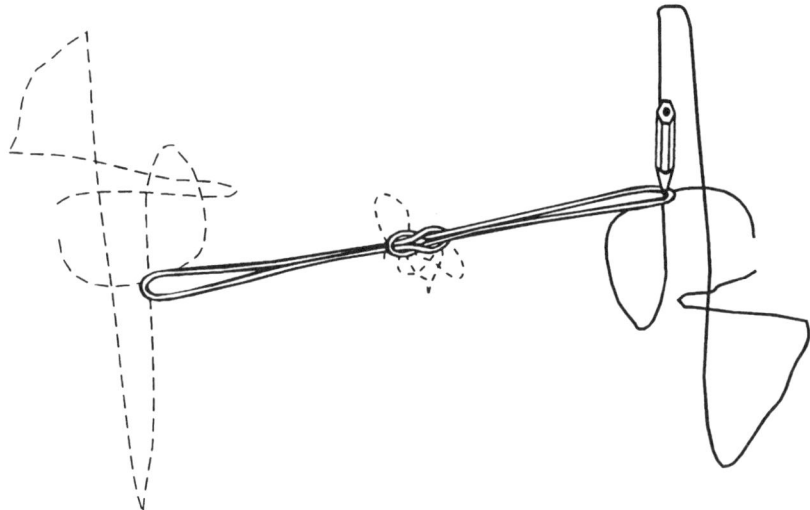

Sichtbares Verhalten im Gummiband-Experiment (Quelle: Forssell, 1994, article updated by the author, 2000, S. 18)

Die Frage an das Kollegium lautet: Angenommen, ein außen stehender Beobachter nimmt diese Kritzelzeichnung – und nur diese – wahr, kann er daraus auf die Absicht der Vp schließen? Die Antwort lautet: Nein! Das, was die Vp beabsichtigt hat, nämlich den Knoten bzw. die Kugel genau über dem Punkt zu halten, bleibt unsichtbar; beobachtbar ist nur die Handlung (die Kritzelzeichnung), und diese kann variieren (Abb. 26).

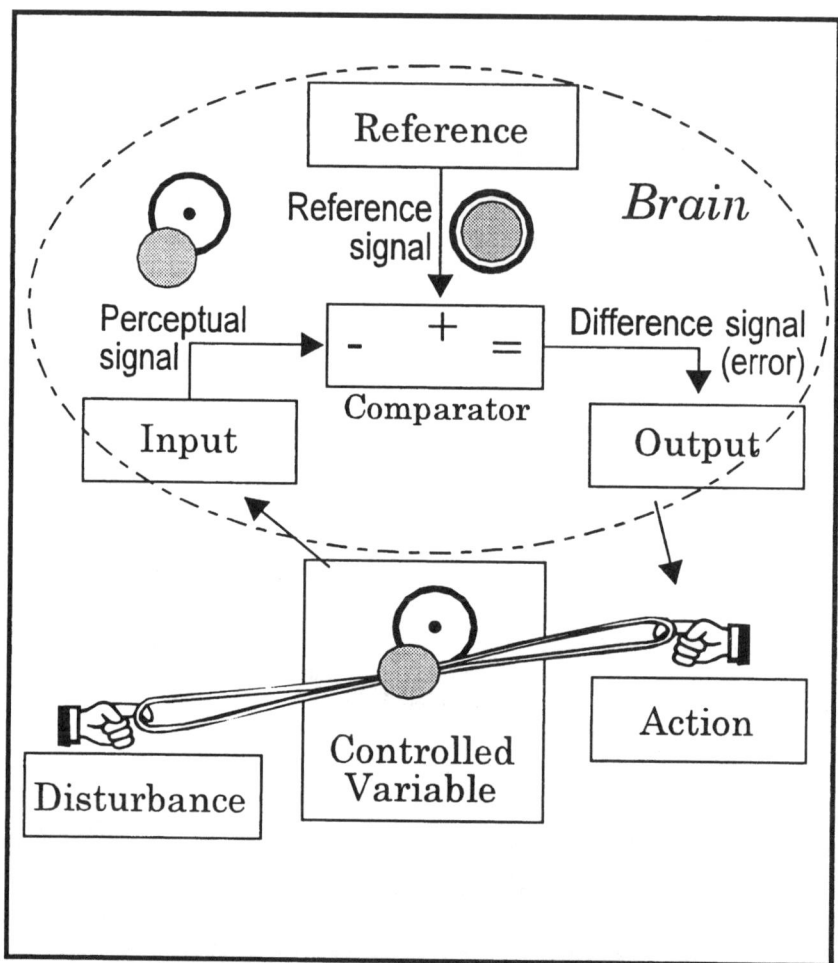

Abb. 26: Gummiband-Diagramm (Quelle: Forssell, 1994, article updated by the author, 2000, S. 18)

Abbildung 26 zeigt die Handlung der Vp (action), das Störmanöver des Versuchsleiters (disturbance) und das, was im Kopf der Vp (brain) vorgeht, nämlich sein Ziel zu erreichen (controlled variable), das darin besteht, den Knoten über dem Punkt zu halten. Das erreicht er durch das ständige Vergleichen zwischen der Position des Knotens und der des Punktes (perceptual signal – comparator – difference signal) und durch ständige Korrektur seines Handelns. Besteht eine Differenz (error) zwischen Knoten und Punkt, d. h., befindet sich der Knoten nicht genau über dem Punkt, sondern z. B. weiter links von ihm entfernt, dann handelt die Vp, um ihr Ziel zu erreichen: Sie zieht am Gummiband-Schlaufenende und verursacht dabei eine Kritzelzeichnung.

Eigenverantwortung

Im Verlauf der Konferenz stellen wir die Frage nach der Verantwortung der Lehrer und der Lehrerinnen. Wir fragen die Lehrerinnen und Lehrer, was es für sie bedeute, ein gutes und erfolgreiches Unterrichtsjahr hinter sich gebracht zu haben. Wir notieren dann ihre Antworten auf dem Flip-Chart. Lehrerinnen und Lehrer antworten oft:

Es bedeutet für mich, dass
- meine Schüler gut mitgearbeitet haben,
- meine Schüler Spaß am Unterricht hatten,
- mein Schulleiter mit mir zufrieden ist,
- die Eltern zufrieden sind.

Damit machen sie deutlich, dass sie sich Ziele setzen, die eigentlich nur von den anderen, nämlich den Schülern, dem Schulleiter und den Eltern gesetzt und erreicht werden können. Ob die Schüler am Ende etwas gelernt haben oder ob sie Spaß am Unterricht hatten, ob der Schulleiter und die Eltern zufrieden sind, liegt letzten Endes *nicht nur* in der Verantwortung der Lehrer, sondern hängt auch davon ab, was die Schüler daraus gemacht haben und welche Erwartungen und Einstellungen der Schulleiter und die Eltern hatten. Der Lehrer ist nur dafür verantwortlich, die ihm bestmöglichen Unterrichts- und Lernbedingungen zu schaffen, für ein gutes Lernklima zu sorgen und den Kontakt zu den Schülern herzustellen.

> **Ich bin nicht verantwortlich für das, was andere tun und denken, sondern nur dafür, was ich tue!**

Diesen Gedanken verdeutlichen wir am Beispiel der Vorstellung von Programmen in Schulen, z. B. dem Programm zur Stärkung der Eigenverantwortung. Wir können das Programm dem Kollegium inhaltlich didaktisch und methodisch bestmöglichst vorstellen, wir können uns bemühen, dies so überzeugend wie möglich zu machen, die Literatur zu berücksichtigen, aus unseren Erfahrungen zu berichten, erste Ergebnisse von anderen Schulen darstellen, aber wie das Programm letzten Endes bei den Kolleginnen und Kollegen einer Schule ankommt, unterliegt nicht mehr unserer Verantwortung, das entscheidet jede Kollegin und jeder Kollege für sich selbst. Wir können nur den Beitrag dazu leisten, der in unserem Einflussbereich liegt, was andere über das Programm denken; ob sie es akzeptieren oder nicht, ist alleine ihre Sache. Deshalb überlassen wir die Entscheidung dem Kollegium. Das Kollegium entscheidet nach der kollegiumsinternen Konferenz darüber, ob es das Programm in seiner Schule als Schulprogramm aufnehmen will oder nicht.

Unterrichtsstörungen und die fünf Schlüsselfragen

Ein wichtiger Programmpunkt der kollegiumsinternen Konferenz ist es, den neuen Frageprozess vorzustellen und die Lehrerinnen und Lehrer damit vertraut zu machen. Diesen Frageprozess anzuwenden, d.h., die fünf Fragen richtig zu stellen, wird in Kleingruppen in einem Rollenspiel eingeübt. Vier oder fünf Kollegiumsmitglieder spielen Schülerinnen und Schüler, ein Mitglied den Lehrer oder die Lehrerin, der bzw. die auf Störungen während einer simulierten Unterrichtsstunde mit Hilfe der fünf Fragen reagiert. Hilfreich ist es, wenn die Kolleginnen und Kollegen den Frageprozess zunächst schriftlich vor sich liegen haben (s. S. 42). Ein weiteres Mitglied sollte als Beobachter teilnehmen, der sicherstellt, dass die Lehrer keine Feststellungen treffen, sondern nur Fragen stellen, und zwar in einem freundlichen und respektvollen Ton. Alle Lehrerinnen und Lehrer sollten einmal die Rolle des Lehrers bzw. der Lehrerin spielen. Es können für die Kleingruppen auch Fallbeispiele vorgegeben werden, d.h. typische Unterrichtsstörungen aus dem Erfahrungsschatz der Lehrer.

Wichtig ist, die Lehrerinnen und Lehrer vor dem Rollenspiel darauf hinzuweisen, kooperationsbereite und nicht kooperationsunwillige Schüler bzw. Schülerinnen zu spielen, denn wenn die Teilnehmer des Rollenspiels die Rolle von schwierigen Schülern spielen, die Widerstand zeigen, wird es viel länger dauern, den Prozess zu erlernen. Hat man den Prozess mit einem kooperationsbereiten Schüler erlernt und beherrscht ihn sicher, dann ist man auch fähig, ihn mit einem schwierigen oder widerstrebenden Schüler durchzuführen.

Wie empfinden die Kollegiumsmitglieder die vorgestellte Art, auf Unterrichtsstörungen zu reagieren, die sicherlich von der ihnen gewohnten abweicht? Um diese Frage zu klären, wird ausreichend Zeit für die Diskussion und den Gedankenaustausch darüber gegeben. Anschließend teilen wir das Kollegium in Sechsergruppen ein und geben jeder Gruppe sechs Fragen zur Diskussion (s. S. 121):

Fragen an die Lehrerinnen und Lehrer

➢ In welcher Weise müssen wir Lehrer umdenken, wenn wir das Programm des Eigenverantwortlichen Denkens anwenden?

➢ Was lernen die Schülerinnen und Schüler genau im Programm des Eigenverantwortlichen Denkens? Diskutieren Sie die auf die Schüler bezogenen Ziele!

➢ Wie organisieren wir die kontinuierliche Besetzung des Trainingsraumes durch Trainingsraumlehrerinnen und -lehrer?

➢ Wovon hängt der Erfolg des Programms ab?

➢ Sollten alle Kolleginnen und Kollegen nach dem Programm vorgehen?

➢ Was verstehen wir unter dem Slogan: »Bleiben oder gehen«?

Das Trainingsraumgespräch

Nachdem die fünf Fragen, die bei Unterrichtsstörungen gestellt werden, geübt worden sind, steht das Trainingsraumgespräch als weiterer Programmpunkt des Tages im Mittelpunkt. Bevor die Kollegiumsmitglieder sich entscheiden, Trainingsraumlehrerinnen und -lehrer zu werden, sollen sie den Gesprächsablauf im Trainingsraum kennen lernen.

An einem Beispiel (Gespräch Britta) wird der Gesprächsablauf mit den Kollegiumsmitgliedern besprochen, und dabei werden zusätzliche Erklärungen gegeben (s. S. 56ff.). Ein letzter Themenschwerpunkt der kollegiumsinternen Konferenz bezieht sich auf Organisation, die notwendigen Formulare und die weitere Ausbildung, falls sich das Kollegium dazu entschließen wird, das Programm an seiner Schule einzuführen.

Abschließend geben die Lehrerinnen und Lehrer in einer Interaktion ihren vorläufigen Standpunkt zum Programm des Eigenverantwortlichen Denkens wieder. Dazu wird ein großes dickes Seil kreisförmig auf den Boden gelegt und die Lehrerinnen und Lehrer werden gebeten, sich zu positionieren. Der Innenraum des Kreises bedeutet totale Übereinstimmung, Begeisterung und Akzeptanz, der Außenraum – und dabei spielt die Entfernung zum Kreis eine Rolle – symbolisiert Distanz und Nichtübereinstimmung.

Eine konkrete Entscheidung für oder gegen die Einführung des Programms soll bewusst zu diesem Zeitpunkt noch nicht herbeigeführt werden. Die Lehrerinnen und Lehrer sollen darüber erst noch einmal in Ruhe nachdenken, um dann ca. in einer Woche intern zu einer Abstimmung zu gelangen.

Organisation

Die Entscheidung für das Programm ist gefallen, nun geht es um die Organisation. Jede Schule, die sich entschieden hat, das Programm des Eigenverantwortlichen Denkens einzuführen, muss zunächst für sich die Frage klären, woher sie die notwendigen Lehrerstellen nehmen will und kann, um den Ablauf des Programms und vor allen Dingen die Besetzung des Trainingsraumes mit Lehrerinnen und Lehrer sicherzustellen. Die Klärung dieser Frage ist auch eine der Grundvoraussetzungen, denn ohne eine entsprechende Anzahl von Trainingsraumlehrerinnen und -lehrer ist die Durchführung des Programms nicht möglich.

In den USA gibt es pro Schule nur jeweils einen Trainingsraumlehrer bzw. -lehrerin. Das amerikanische Schulsystem unterscheidet sich von unserem. Dort ist es möglich, auch außerschulisches Personal, in diesem Fall besonders engagierte, interessierte Nicht-Lehrer für das Amt des Trainingsraumlehrers zu gewinnen, die dann natürlich auch besonders vorbereitet sowie auch für ihre Tätigkeit bezahlt werden und dann – genau wie Lehrer und Lehrerinnen – Teil der Schule und des Kollegiums sind. Dies erscheint bei uns kaum möglich, daher wird bisher bei der Besetzung des Trainingsraumes in allen Schulen auf Lehrerinnen und Lehrer der betreffenden Schule zurückgegriffen. Die Lehrerstunden zu organisieren, die Besetzung des Trainingsraumes möglich zu machen, ist Aufgabe des Schulleiters und seines Vertreters. Bislang haben alle interessierten Schulen es geschafft, den Trainingsraum ganztägig mit Kolleginnen und Kollegen zu besetzen. Dies setzt so manchen Verzicht auf eine Freistunde, Verfügungsstunde oder andere Art von Stunden voraus und verdeutlicht noch einmal mehr, wie wichtig ein Konsens des gesamten Kollegiums ist und die Bereitschaft aller, zum Gelingen beizutragen.

Dann – wenn die Organisationsfrage grundsätzlich geklärt ist – stellt sich die Frage, wer Trainingsraumlehrerin und -lehrer sein soll bzw. darf. Fast alle Schulen haben das Prinzip der Freiwilligkeit gewählt. Pro Schule melden sich 8–10 Lehrerinnen und Lehrer. Die Anzahl hängt letzten Endes von der Größe des Kollegiums ab.

Schulung der Trainingsraumlehrerinnen und -lehrer

Bei den zukünftigen Trainingsraumlehrerinnen und -lehrern besteht zunächst eine große Unsicherheit, ob sie sich auch sicher und stark genug fühlen, die Gespräche im Trainingsraum zu führen. Daher ist es notwendig, dass sie von Schulpsychologen oder auch internen oder externen Beratungslehrern begleitet und unterstützt werden. Trainingsnachmittage und auch -vormittage müssen zur Verfügung stehen. Während dieser Trainingseinheiten werden die Lehrerinnen und Lehrer im Rollenspiel darin geübt, die Trainingsraumgespräche zu üben, d.h. Fragen zu stellen, mit denen sie herausfinden, was den Schüler bewog zu stören, welches seine Absicht dabei war, um dann mit ihm gemeinsam einen Plan zu erarbeiten. Die Gespräche sollen vorwurfsfrei und in angenehmer Atmosphäre geführt werden. In den Gesprächen mit den Schülern können die Trainingsraumlehrerinnen und -lehrer nach dem Leitfaden für das Gespräch (s. S. 50), vorgehen oder auch sich den Ablauf in fünf Schritten merken.

Vorgehen im Trainingsraum

1. Schritt: Problemverhalten »Stören im Unterricht« genau beschreiben lassen.
2. Schritt: Absicht und Verhalten trennen.
3. Schritt: Alternatives Verhalten suchen und benennen lassen.
4. Schritt: Verträglichkeit des alternativen Verhaltens prüfen.
5. Schritt: Umsetzen des neuen Verhaltens üben.

Damit das Gespräch mit den Schülerinnen und Schülern sowohl angenehm für beide Beteiligten als auch erfolgreich im Sinne der Erstellung eines Plans ist, sind folgende Bedingungen für ein gelingendes Gespräch zu beachten:

Bedingungen für ein gelingendes Gespräch

➢ Freundlich und respektvoll mit den Schülerinnen und Schülern umgehen.

➢ Positive Grundeinstellung haben.

➢ Keine Moralpredigten halten.

➢ Keine Vorwürfe machen.

➢ Gelassenheit und Ruhe ausstrahlen.

➢ Nicht unter Zeitdruck stehen.

➢ Bereit sein zuzuhören.

➢ Aktiv zuhören.

➢ Durch Fragen die Schülerinnen und Schüler zum Nachdenken bewegen.

➢ Angenehmer heller Raum.

Im Zentrum der Trainingseinheiten steht das Üben der Gespräche. Wie oben schon erwähnt, neigen Lehrerinnen und Lehrer dazu, es den Rollenspielpartnern besonders schwer zu machen und besonders widerspenstige Schüler zu spielen, die keine Pläne machen wollen und nicht bereit sind, mitzuarbeiten. Damit tun sie sich und ihren Gesprächspartnern keinen Gefallen, der Lerneffekt ist gering, sodass wir sie immer wieder darum bitten, willige Schüler zu spielen und das Gespräch so auszurichten, dass es zu einer Einigung bzw. einem Plan kommen kann.

Das Gesprächstraining erfolgt nach den bewährten Modellen von Schulz v. Thun (1981, 1989, 1998), Redlich (1992) und Mutzeck (1997). Unserer Erfahrung nach genügen je nach Vorerfahrung ca. sechs bis sieben dreistündige Sitzungen über drei Monate verteilt, um interessierte Lehrerinnen und Lehrer in die Lage zu versetzen, die Gespräche im Trainingsraum zu führen.

Die Bedeutung der Schulleitung

Bei der Einführung des Programms nehmen der Schulleiter bzw. die Schulleiterin eine wichtige Position ein. Ohne das Einverständnis der Schulleitung läuft in Schulen gar nichts. Der Schulleiter oder die Schulleiterin müssen nicht nur vom Programm überzeugt sein und dies in ihrem Verhalten, Kollegen, Eltern und Schülern gegenüber auch zeigen, sondern sie müssen das eigenverantwortliche Denken auch selbst »leben«. Schulleiterinnen und Schulleiter sollten die ruhige und respektvolle Atmosphäre im Trainingsraum kennen und öfter einmal bei einem Gespräch anwesend sein. Sie sollten auf jeden Fall einen ähnlichen respektvollen Ton wählen, wenn sie mit Schülerinnen und Schülern, mit Eltern oder gar mit Kollegen sprechen. Sie sollten das Programm auch anwenden, d.h. genauso wie ihre Kolleginnen und Kollegen bei Unterrichtsstörungen die Fragen stellen und die Schülerinnen und Schüler die Entscheidung treffen lassen. Sie sollten den Trainingsraum nutzen und nicht glauben, dass sie als Schulleitung ihn nicht nötig hätten. Mit jedem Gang in den Trainingsraum geben sie den Schülerinnen und Schülern die Chance, ihre soziale Kompetenz zu erhöhen, ihr eigenes Verhalten zu überdenken, Rücksicht auf andere zu nehmen und antizipatorisch zu handeln.

Es ist auch von großer Bedeutung, dass Schulleiter und Schulleiterinnen ihre Kolleginnen und Kollegen in ihren Entscheidungen und Beschlüssen unterstützen. Dies ist z.B. wichtig, wenn Schüler sich weigern, im Trainingsraum mitzuarbeiten und sich entscheiden, nach Hause zu gehen, um am nächsten Morgen mit den Eltern wiederzukommen. Manchmal sind sie gezwungen, ihre ganze Autorität in die Waagschale zu werfen, um Eltern von der Notwendigkeit zu überzeugen, mit ihren Kindern zur Schule zu kommen. Sie müssen klarstellen, dass sie so lange nicht am Unterricht teilnehmen dürfen, bis die Eltern mit ihnen zum Gespräch erschienen sind. Sie müssen auch für ein Gespräch zur Verfügung stehen und damit die Bedeutung eines solchen Gesprächs zum Ausdruck bringen. Ob die Schüler an diesen Gesprächen beteiligt werden, überlassen wir der Entscheidung des Interventionsteams. Es sprechen sowohl gute Gründe dafür als auch dagegen. Dafür spricht, dass dem Schüler ganz im Sinne des Eigenverantwortlichen Denkens klar wird, dass es um *sein* Verhalten geht, um *ihn* und nur um ihn. Dagegen spricht, dass Eltern, Lehrer und Schulleiter eventuell ungezwungener miteinander reden können, wenn der Schüler nicht dabei ist.

Für manche Kolleginnen und Kollegen, die nicht Trainingsraumlehrerin bzw. -lehrer sind, kann die Institutionalisierung des Programms bedeuten, einige ihrer Verfügungsstunden zu Gunsten der Besetzungsmöglichkeiten im Trainingsraum abzugeben. Der gesamte Stundenplan muss auf die reibungslose Durchführung des Programms abgestimmt sein. Es hat sich als sehr günstig herausgestellt, wenn das Programm des Eigenverantwortlichen Denkens auf jeder internen Pädagogischen Konferenz einen eigenen Tagesordnungspunkt erhält, nach dem Motto: Neues aus dem Trainingsraum. Da die Implementierung des Programms einen Prozess darstellt, der langfristig angelegt ist, sollten die wesentlichen Punkte und Bestandteile den Kolleginnen und Kollegen immer wieder ins Gedächtnis gerufen werden. Diejenigen Lehrerinnen und Lehrer, die sich zunächst noch scheuen, Schülerinnen und Schüler in den Trainingsraum gehen zu lassen, weil sie vielleicht doch glauben, ihr Image würde darunter leiden und sie könnten als inkompetent angesehen werden, sollen von den anderen hören, welche positiven Effekte die Gespräche im Trainingsraum haben, dass es für viele Schülerinnen und Schüler eine gute Erfahrung war, im Trainingsraum gewesen zu sein und dass viele ihrer Kolleginnen und Kollegen die fünf Schlüsselfragen bei Unterrichtsstörungen stellen.

Der Implementierungsprozess enthält viele einzelne Schritte, die vom Kollegium und der Schulleitung immer wieder miteinander abgestimmt werden müssen. Sie bestehen in Folgendem (Abb. 27):

Interesse/Vorinformation

Kollegiumsinterne Fortbildung

Entscheidung des Kollegiums

Entscheidung der Schulkonferenz

Auswahl der Trainingsraumlehrerinnen und -lehrer

Schaffung der organisatorischen Voraussetzungen

Training der zukünftigen Trainingsraumlehrerinnen und -lehrer

Elterninformation

Schülerinformation

Beginn mit den untersten Jahrgängen

Supervision intern oder extern der Trainingsraumlehrerinnen und -lehrer

Allmähliche Fortführung mit der gesamten Schülerschaft

Evaluation

Abb. 27: Die einzelnen Schritte des Implementierungsprozesses

13. Kritische Einwände gegen das Programm

Und was darauf erwidert werden kann

Der Argumente sind viele …!

Es gibt keinen Konsens im Kollegium!

Manchmal werden Vorbehalte geäußert, ob es überhaupt möglich sei, einen Konsens im Kollegium über die Einführung des Programms zu finden. Die Frage lautet dann häufig, wie mit den Kolleginnen und Kollegen umzugehen sei, die sich nicht an das Programm halten würden. Das ist eine ernst zu nehmende Frage. Im Sinne des Programms lautet die Antwort, dass jeder Kollege selbst entscheidet, ob er das Programm anwenden möchte oder nicht. Niemand kann dazu »gezwungen« werden, allenfalls durch das Vorbild der anderen und die guten Resultate, die sich vielleicht auch in seinem Unterricht zeigen, ermutigt werden, es anzuwenden. Wichtig ist nur, dass das Programm nicht durch hämische oder abwertende Äußerungen boykottiert wird.

Zu Beginn der Einführung halten sich zunächst in jedem Kollegium einige Lehrerinnen und Lehrer mit der Anwendung des Programms zurück, werden aber erfahrungsgemäß langsam davon doch überzeugt und wenden es dann zunehmend an. In jeder Konferenz sollte es immer einen Tagesordnungspunkt »Neues aus dem Trainingsraum« geben und die Kollegen nicht nur darüber informiert werden, wie viele Schülerinnen und Schüler ihn besucht haben, sondern auch, ob es besondere Vorfälle (positive und negative), Elterngespräche etc. gegeben hat.

Es ist nur für Schulen mit großen Disziplinproblemen geeignet!

Einige Schulleiterinnen und Schulleiter glauben, dass das Programm in erster Linie nur für Schulen geeignet wäre, die sehr große Disziplinprobleme haben. Sie fürchten, in »Verruf« zu kommen, wenn sie das Programm an ihren Schulen einführen. Sie fürchten ebenfalls, dass Eltern die Einführung des Programms als »Bankrotterklärung« ihres bisherigen pädagogischen Tuns ansehen und ihnen zusätzlich den Vorwurf machen könnten, sie würden sich störender Schülerinnen und Schüler durch »Abschieben in einen anderen Raum« entledigen. Diese Befürchtungen sind nur dann gerechtfertigt, wenn die Annahmen zuträfen. Dies ist jedoch nicht der Fall. Das Programm greift gerade bei den kleineren und mittleren Störungen; bei denjenigen Störungen, die ständig wiederholende Ermahnungen der Lehrerinnen und Lehrer nach sich ziehen. Gerade diese führen häufig zu Frust und Ärger bei allen Beteiligten. Es sind die kleinen und mittleren Störungen, die den Schulalltag so erschweren und die immer wiederkehrenden Versuche der Lehrerinnen und Lehrer, die Schülerinnen und Schüler zur Ordnung zu rufen, ihnen ins Gewissen zu reden, sie zu verwarnen, zu bitten und zu tadeln. Dadurch ermüden nicht nur die Lehrerinnen und Lehrer, sondern auch die Schülerinnen und Schüler, die einfach nur noch abschalten, nicht mehr hinhören und geistig wegtreten. Auf diese Weise wiederholt sich ein ständiges »Spiel« (»control/countercontrol«, Ford 1997) zwischen Lehrer und Schüler. Es sind die kleinen alltäglichen Unterrichtsstörungen und die häufig hilflosen Versuche der Lehrer, sie abzustellen, die Schüler und Lehrer gleichermaßen nerven und die den Unterricht beherrschen und oft lahm legen.

 **Es ist nur ein »Abschiebe- und Rausschick-Programm«!**

Wer das Programm als »Abschiebemöglichkeit« oder als »Rausschick-Programm« versteht und glaubt, dass Lehrerinnen und Lehrer sich mit Hilfe des Programms nur ihren Unterrichtsalltag erleichtern, der irrt und hat das Programm missverstanden. Das Programm basiert auf zwei Säulen: Die eine Säule ist die Reaktion der Lehrerinnen und Lehrer auf Unterrichtstörungen, die ruhig und sachlich erfolgt, d. h. mit anderen Worten, Lehrerinnen und Lehrer müssen sich nicht mehr emotionalisieren und echauffieren, sie brauchen auch nicht mehr zu schimpfen und zu schreien und sich in ihrem Ärger zu Redensarten oder gar Handlungen hinreißen zu lassen, die sie hinterher bereuen. Die maximal fünf Fragen, die sie bei Störungen den störenden Schülerinnen und Schüler stellen, geben ihnen ein Gerüst und einen Handlungsrahmen, der sie davor bewahrt, emotional zu reagieren.

Das Neue ist außerdem die Entscheidung, vor die sie die Schülerinnen und Schüler stellen: Zu bleiben oder zu gehen. Die Schülerinnen und Schüler entscheiden selbst darüber, was sie wollen. Dies alles geschieht in ruhiger, sachlicher und respektvoller Form.

Die andere Säule ist die Gesprächsbereitschaft der Trainingsraumlehrerinnen und -lehrer im Trainingsraum und ihr Bemühen, in einem wohl wollenden und auf Respekt beruhenden Ton, den Schüler zur Verantwortungsübernahme für sein Störverhalten anzuleiten und ihn anzuregen, sich im Unterricht so zu verhalten, dass er die Rechte anderer auf ungestörten Unterricht respektiert. Wenn ein Schüler im Unterricht mehrmals stört und schon einmal auf sein Störverhalten hingewiesen wurde, er aber dennoch die Regeln nicht einhalten *kann*, werden ihm Hilfen im Trainingsraum angeboten. Auch wenn er die Regeln nicht einhalten *will*, muss er den Klassenraum verlassen, damit die anderen Schülerinnen und Schüler, die lernwillig sind, in Ruhe lernen können. In beiden Fällen werden ihm Hilfe und Unterstützung angeboten. Es handelt sich nicht um ein Abschieben, sondern im Gegenteil, um ein pädagogisches Angebot, außerhalb des Klassenraumes noch einmal sein Verhalten zu reflektieren.

Merkwürdigerweise gibt es wenige Einwände gegen eine andere und immer noch häufig in Schulen praktizierte Maßnahme, nämlich das Vor-die-Tür-Schicken der Schülerinnen und Schüler. Hierbei handelt es sich in der Tat um ein »Abschieben«, denn der betreffende Schüler muss die Klasse verlassen, sich vor die Tür stellen, ohne dass sich jemand um ihn kümmert, mit ihm spricht oder ihm in irgendeiner Form hilft.

Eltern, die glauben, dass ihre Kinder einfach nur in den Trainingsraum »abgeschoben« werden, übersehen die Anstrengungen und den hohen pädagogischen Einsatz der Schulen, die das Programm eingeführt haben. Diese Schulen leisten sich den »Luxus«, unter hohem organisatorischen Aufwand den Trainingsraum ganztägig mit Lehrerinnen und Lehrern zu besetzen, die in dieser Zeit keinen Unterricht erteilen können. Die pädagogische Arbeit der Trainingsraumlehrerinnen und -lehrer besteht in der Förderung sozialer Kompetenzen derjenigen Schülerinnen und Schüler, die zu ihnen kommen. Dies ist eine völlig andere Aufgabe als die, die sie sonst verrichten. Hier geht es nicht um Unterrichten, um Didaktik und Methodik, sondern um Gesprächsführung, Einfühlung und Empathie.

Diese Lehrerinnen und Lehrer haben eine besondere zusätzliche Kurz-Ausbildung genossen, die sie befähigt, Gespräche zu führen und zu leiten. Natürlich führt auch jeder andere Lehrer und jede andere Lehrerin Gespräche, aber die Trainingsraumgespräche sind Gespräche der besonderen Art, die auf einer speziellen Fragetechnik beruhen. Skeptische Eltern können also beruhigt werden mit dem Hinweis, dass ihre Kinder bei diesen Lehrerinnen und Lehrern sehr gut aufgehoben sind, dass ihren Kindern Gelegenheit gegeben wird, ihre sozialen Kompetenzen zu erweitern. Eltern und Lehrer, die glauben, der Trainingsraum sei eine Strafe für die Kinder, haben den Sinn dieser Einrichtung nicht verstanden.

Die Schüler werden »konditioniert«!

Manche Pädagogen befürchten eine »Konditionierung« der Kinder und haben dabei die Vorstellung eines mechanischen Vorgehens im Sinne einer Reiz-Reaktion-Verbindung vor Augen. Dies ist jedoch keineswegs so. Soziales Lernen ist die Aneignung und Verarbeitung von Normen, Erwartungen und Regeln der sozialen und kulturellen Umwelt. Jede Schule schafft sich ihr eigenes Profil und definiert ihre Normen, Erwartungen und Regeln, die jedoch kulturell verankert sind und sich daher gar nicht so sehr von Schule zu Schule unterscheiden. In einem langen und die Schulzeit überdauernden Prozess werden Verhaltensweisen durch Bewusstmachung, durch Nachahmung, durch Identifikation, durch Vorbildwirkung und natürlich auch durch Lob und Tadel, durch nachfolgende Konsequenzen eingeübt. Der gesamte Sozialisationsprozess erfolgt auf diese Weise. Ein starker Faktor dabei ist die Selbstwirksamkeit (Hurrelmann 2002). Wenn Schülerinnen und Schüler erleben, dass Effekte in bestimmten Situationen mit einer gewissen Wahrscheinlichkeit als Folge des eigenen Verhaltens auftreten, dann stärkt dies ihre Selbstwirksamkeit und die Überzeugung, selbst verantwortlich zu sein und durch eigenes Handeln Dinge und Ereignisse lenken und beeinflussen zu können. Es geht also nicht um Reiz-Reaktions-Verbindungen oder um ein Konditionieren im klassischen Sinne, sondern um reflexives Lernen, um Antizipation, um Abwägung, um Bewusstmachung, um Entscheidungen, und diese werden in ständigen Interaktionen mit anderen erzielt.

Das Gespräch zwischen Trainingsraumlehrer und Schüler leistet hierzu einen wichtigen Beitrag. Im Gespräch werden Alternativen zum bisherigen Verhalten entwickelt, im nachfolgenden Unterricht ausprobiert und in das eigene Verhaltensrepertoire integriert. Durch Rückmeldung vom Klassen- bzw. Fachlehrer erfährt der Schüler, ob sein Verhalten in Ordnung ist. Die Erweiterung seines Handlungsrepertoires erfolgt also in Interaktion mit seinen Lehrern oder auch mit seinen Eltern, die bei Bedarf zu Gesprächen gebeten werden.

Einen ebenso wichtigen anderen Beitrag leistet die Beziehung zwischen unterrichtendem Lehrer und Schüler (»classroom discussions«, Ford 1997). Im Programm wird immer wieder die Notwendigkeit betont, eine gute Beziehung zum Schüler herzustellen und sich um ein gutes Klassenklima zu bemühen. Allein diese Tatsache führt schon alle die Argumente ad absurdum, die darauf abzielen, die Vorgehensweisen als mechanisches Konditionieren abzustempeln.

 **Es ist nur für weiterführende Schulen geeignet!**

Skeptiker des Programms behaupten, es sei allenfalls für Schülerinnen und Schüler weiterführender Schulen geeignet, aber nicht für Grundschüler. Grundschüler würden noch nicht über die notwendige Reflexionskompetenz und die selbstkritische Haltung gegenüber dem eigenen Verhalten verfügen. Es versteht sich von selbst, dass Gespräche mit jüngeren, mit lernbehinderten und/oder erziehungsschwierigen Kindern anders geführt werden müssen als mit Jugendlichen einer Haupt- oder Realschule oder gar eines Gymnasiums. Reflexionskompetenz entsteht nicht von Heute auf Morgen ebenso wenig wie eine selbstkritische Haltung dem eigenen Verhalten gegenüber. Beide sind das Ergebnis von Lernprozessen, die nicht früh genug angestoßen, ermöglicht und an sich selbst erfahren werden müssen. Dazu leistet der Trainingsraum einen wertvollen Beitrag. Er ermöglicht diese Lernprozesse, die auf jeder Altersstufe in Gang gesetzt werden können. Dass intendierte Ziele wie Reflexionskompetenz und selbstkritische Haltung häufig nur schrittweise und auch annäherungsweise erreicht werden können, spricht nicht gegen den Versuch, sie anzuregen. In den USA wird das Programm sogar schon in Kindergärten angewendet und in allen Schulformen, einschließlich der Grundschulen und Sonderschulen für erziehungsschwierige oder gar lernbehinderte Kinder (Ford 1997).

Das unterschiedliche Störungsempfinden von Lehrern führt zu Ungerechtigkeiten gegenüber den Schülerinnen und Schülern!

Ein anderer Einwand konzentriert sich auf das unterschiedliche Störungsempfinden von Lehrerinnen und Lehrern und sieht darin ein schwer wiegendes Hindernis auf dem Weg zur Einführung des Programms. Dem ersteren kann nicht widersprochen werden. Selbstverständlich ist das Störungsempfinden »*inter*individuell« unterschiedlich, und zwar nicht nur interindividuell, sondern auch »*intra*individuell«. Das war schon immer so und wird immer so sein. Es kann in einem Kollegium keinen völligen Konsens geben, was genau als Störung anzusehen ist. Der subjektive Spielraum der Interpretation ist gegeben und muss auch gegeben sein. Ein Störungsempfinden ist von so vielen Situationsvariablen abhängig, dass es völlig unmöglich ist, hier eine Normierung vornehmen zu wollen. Das ist auch gar nicht nötig, denn erfahrungsgemäß stellen sich Schüler sehr gut auf die einzelnen Lehrer ein. Also ist es nicht gerechtfertigt, aus der Tatsache der Individualität der Lehrer und der Vielfalt der möglichen Störungssituationen ein Argument gegen das Programm abzuleiten.

Skeptikern kann auch noch entgegengehalten werden, dass sie sich doch einmal die Praxis der pädagogischen Maßnahmen ansehen mögen, die vielfach im Unterricht angewendet werden: Da werden Schüler mit schlechten Noten, mit Strafarbeiten, mit Nachsitzen abgestraft, da reagieren Lehrer spontan, aus der Situation und ihrer persönlichen Befindlichkeit heraus, da werden Schüler herausgegriffen, ermahnt und getadelt und haben häufig keine Möglichkeit, sich gegen Ungerechtigkeiten zu wehren.

Im Programm ist das anders: Es sollte nicht mehr emotional reagiert werden. Sollte ein Lehrer wirklich einmal einen Schüler (nach einer zweiten Störung) zu Unrecht aufgefordert haben, in den Trainingsraum zu gehen, hat der Schüler die Möglichkeit, dies mit dem Trainingsraumlehrer zu besprechen. In seinem Plan kann er dann über Möglichkeiten nachdenken, den Lehrer daraufhin noch einmal anzusprechen. Der Trainingsraumlehrer wird ihm nichts abnehmen, z. B. nicht anstelle des Schülers mit dem Lehrer sprechen, aber er wird den Schüler darin unterstützen, ihn anzusprechen. Der Trainingsraumlehrer kann eventuell das Gespräch vorher einmal mit ihm »durchspielen«, sodass der Schüler im Rollenspiel Formulierungen ausprobieren kann. Dies ist für diejenigen Schüler eine große Hilfe, die häufig eine unpassende Wortwahl treffen und so ihren Gesprächspartner von vornherein brüskieren.

Es ist Verhaltenstherapie und keine Pädagogik!

Kritiker des Programms sagen, es sollte nicht so sehr »verhaltenstherapeutisch« gearbeitet werden, sondern »pädagogisch«! Als ob es zwischen beiden einen Unterschied gäbe! Verhaltenstherapeutisch zu arbeiten ist pädagogisch und pädagogisch zu arbeiten kann verhaltenstherapeutische Maßnahmen beinhalten. Sind Lob und Tadel, Ermutigung und Unterstützung nicht verhaltenstherapeutisch und pädagogisch zugleich?

 **Das Programm greift nicht bei hyperaktiven Kindern!**

Des Öfteren werden Zweifel geäußert, ob das Programm auch bei hyperaktiven Kindern angewendet werden könne. Es wird argumentiert, dass das Programm zu kognitiv orientiert sei, dass die Gespräche diese Kinder überfordern würden und dass sie nicht in der Lage wären, selbstkritisch über ihr Verhalten nachzudenken, geschweige denn Absprachen über zukünftige Regelbeachtung einzuhalten. Befürworter dieser Thesen setzen sich zwar stark für *außerschulische* Förderung und Therapiegruppen ein, gründen Fördervereine für das hyperaktive Kind, die dieses einmal in der Woche nachmittags in einer Gruppe weiterer hyperaktiver Kinder betreuen, aber sie übersehen, dass Lehrerinnen und Lehrer tagtäglich mit »diesen Kindern« auskommen müssen.

Hyperaktive Kinder und Jugendliche (ADS), klassifiziert nach ICD 10 (Klassifikationssystem der Weltgesundheitsorganisation) haben in der Tat eine Steuerungsschwäche, eine gestörte Informationsverarbeitung und eine eingeschränkte Selbstwahrnehmung, aber sie haben auch Fantasie, sind kreativ, sehr hilfsbereit und weisen einen ausgeprägten Gerechtigkeitssinn auf (Neuhaus 2000). Hyperaktive Kinder brauchen einen positiven, aber auch »korrigierenden Kontakt zum Umfeld als Echo und Spiegel für das eigene Verhalten, da es symptombedingt die eigene Selbststeuerung und Selbstorganisation erst lernen muss« (Neuhaus 1999, S. 103ff.). Diesen Spiegel können ihnen Lehrerinnen und Lehrer im Unterricht geben, indem sie sie freundlich und respektvoll auf Störungen hinweisen, sie die Störung auch benennen und ihnen dann die Entscheidung überlassen, ihr Verhalten zu korrigieren. Da hyperaktive Kinder sich ihres Fehlverhaltens oft nicht bewusst sind, ist es gerade für sie sehr wichtig, dass sie die Nichteinhaltung der Regel bzw. die Regel, gegen die sie verstoßen haben, sofort benennen. Wenn ihnen die Korrektur ihres Verhaltens nicht gelingt, haben sie die Möglichkeit, im Trainingsraum Lehrerinnen und Lehrer vorzufinden, die ruhig und gelassen mit ihnen das Störverhalten noch einmal durchsprechen, da dies die Klassen- bzw. Fachlehrer im Unterricht nicht leisten können, ohne ihren gesamten Unterricht zu unterbrechen.

Auch hyperaktive Kinder sind lernfähig, gerade sie brauchen Regeln und Absprachen als Rahmen und Richtlinie für ihr Verhalten. ADS-Kinder brauchen klare Strukturen. Regeln stellen für sie eine Hilfe zur Selbststeuerung dar. Von Bedeutung ist, dass diese Regeln klar und deutlich ausgesprochen werden und Konsequenzen nach sich ziehen, wenn gegen sie verstoßen wird. Die Konsequenzen – und dies wird immer wieder übersehen oder falsch gedeutet – bestehen nur in dem Besuch des Trainingsraumes. Hier können die Trainingsraumlehrerinnen und -lehrer gemeinsam mit dem Kind überlegen, was ihm helfen könnte, sich an die Regeln zu halten, was es braucht, um besser im Unterricht zurecht zu kommen. Manchmal sind dies zusätzliche Bewegungsangebote (kleinere Aufträge wie beim Austeilen der Hefte helfen), kurze zusätzliche Pausen, in denen es sich ausruhen darf, und die mit dem Klassen- bzw. Fachlehrer abgesprochen werden, vielleicht ein Sitzplatzwechsel, ein anderer Nachbar oder auch andere kleine Aufmerksamkeiten wie Lob und Ermutigung, Blick- und Körperkontakt oder vereinbarte Zeichen und Signale. »Je klarer, je einschätzbarer, je sachlicher und je freundlicher der Umgang« der Klassen- bzw. Fachlehrer und der Trainingsraumlehrer mit dem hyperaktiven Kind ist, desto eher ist es bereit, bestehende Regeln zu akzeptieren und sich zu bemühen, sie auch einzuhalten (Neuhaus 1999, S. 177).

Wenn die Trainingsraumgespräche dem Kind nicht helfen, sein Verhalten zu verbessern, können Elterngespräche als ein weiterer Versuch geführt werden, herauszufinden, wie es unterstützt werden kann. Häufig bieten sich dann weiterführende Therapien an, heilpädagogische Übungsbehandlungen, Gruppentherapien oder Ähnliches mehr. Sie ergänzen das Bemühen der Lehrerinnen und Lehrer und ersetzen es nicht.

 **Der Trainingsraum ist ein verkappter Karzer!**

Die Krönung der Missverständnisse bezieht sich auf den Trainingsraum selbst. Gegner des Programms bezeichnen ihn als »Karzer« oder »Isolier-Raum« oder gar »Gummizelle«. Sie vermuten irgendwelche obskuren Methoden, mutmaßen und ergehen sich in Andeutungen und Spekulationen, die teilweise so erschütternd anzuhören sind, dass einem nur die Sprachlosigkeit und ein Verzicht auf Gegenargumente bleibt. Man sollte dann jedoch denjenigen bitten, der das Argument vorgebracht hat, einmal das Programm zu *lesen* und sich umfassend zu *informieren*, denn die wildesten Einwände stammen von denen, die das Programm nicht gelesen haben.

 **Die Schüler haben keine wirkliche Wahl!**

Manche Pädagogen bemängeln die Begrenztheit der Entscheidungsmöglichkeiten und wenden ein, dass sich die Schülerinnen und Schüler nur zwischen jeweils zwei Möglichkeiten entscheiden könnten. Das ist richtig, nur ist es kein stichhaltiger Einwand gegen das Programm. Wir alle leben in einer Gesellschaft, in der es Regeln und Vereinbarungen gibt, an die wir uns halten müssen. Wir alle (und auch gerade Lehrerinnen und Lehrer und alle in der Schule Tätigen) müssen pünktlich zur Arbeit kommen, wir müssen bei Krankheit Entschuldigungen (ärztliche Atteste usw.) beibringen, wir alle haben berufliche und familiäre Pflichten zu erfüllen und nicht zuletzt gibt es im Straßenverkehr Regeln, Ge- und Verbote, die wir zu beachten haben.

Natürlich können wir bei Rot über die Straße gehen oder fahren, aber dann müssen wir mit Konsequenzen rechnen und diese auch tragen. Im Grunde gibt es immer nur die Entscheidung, etwas zu tun oder zu lassen, und diese Entscheidung ist abhängig von unserem Wertesystem, den Regeln und den nachfolgenden Konsequenzen. Wir alle sind eingebunden in ein Netz von mehr oder weniger freien Entscheidungen und einen Kanon von Verordnungen und Regeln, so auch unsere Schülerinnen und Schüler in der Schule.

Warum wirkt das Programm so polarisierend?

Das Programm ist durch und durch von einer positiven, humanistischen Denkweise durchdrungen, aber nicht gefeit gegen Pädagogen, die einen eher negativistischen pädagogischen Stand- und Ausgangspunkt einnehmen bzw. eine tiefe Skepsis gegenüber Neuem aufweisen. Die Mehrzahl der Schulleiter/innen, Lehrerinnen und Lehrer, auch der Eltern sind auf Anhieb begeistert, wollen es am liebsten sofort einführen. Einige wenige können oder wollen es jedoch nicht so verstehen, wie es gemeint ist. Letztere sehen im Trainingsraum nicht so sehr das Hilfsangebot an die Schülerinnen und Schüler, die sich nicht an Regeln halten können, sondern bleiben dabei, ihn vielmehr als »Strafraum« zu sehen, in den Schülerinnen und Schüler vom Lehrer »geschickt« werden. Jedes Glas Wasser kann als halb voll und als halb leer gesehen werden. Jeder Pädagoge kann eine eher positive Sichtweise oder aber eine eher negativ gefärbte Sichtweise einnehmen.

Einerseits sehr kritisch, andererseits aber auch ambivalent und unentschlossen äußert sich Göppel (2002). In seiner Argumentation ist er geradezu ein Paradebeispiel dafür, dass das Programm im Ganzen, der geregelte Ablauf, die Fragen der Lehrerinnen und Lehrer bei Unterrichtsstörungen und die Entscheidungsschritte der Schülerinnen und Schüler sowie die Gespräche im Trainingsraum und die eventuell folgenden Elterngespräche jeweils negativ aber auch positiv gesehen werden können, und zwar je nach Standpunkt und theoretischer Ausrichtung und Ausbildung bzw. je nach Informationsstand und Grad der Kenntnis des Programms.

Göppel stellt das Programm von einem verhaltenstherapeutischen Standpunkt dar und kritisiert es mit Argumenten aus der psychoanalytischen Literatur. Er beschreibt die schwierige Situation der in der Schule Lehrenden, den täglichen »kommunikativen Kampf«, das »eskalierende Wechselspiel von Stören, Ermahnen, Schimpfen und Provozieren«, andererseits diskutiert er das »Recht des Schülers auf Eigensinn und auf Widerstand gegen schulische Zumutungen« (S. 44ff.).

Göppel zitiert einen Autor der 70er-Jahre (Fürstenau 1964), der, basierend auf einem psychoanalytischen Standpunkt, Rituale und Zeremonien ablehnt bzw. hinterfragt und dahinter nur den Ausdruck von Macht- und Herrschaftsbedürfnissen sieht. Göppel knüpft unmittelbar an Fürstenau an, überträgt dessen Gedankengänge auf das vorliegende Programm und überspringt dabei fast 40 Jahre der pädagogischen Forschung. Er kritisiert den seiner Meinung nach »rigiden« und »formalistischen« Charakter des Programms und behauptet, dass die Schülerinnen und Schüler dadurch zu »organisationskonformem Verhalten« gezwungen seien, auf der anderen Seite hebt er hervor, dass durch die ausdrückliche Betonung der Prinzipien des Respekts und der Eigenverantwortung die Schülerinnen und Schüler vor den »Stimmungen und Zornesausbrüchen, den situativen Genervtheiten und überschießenden Reaktionen« der Lehrerinnen und Lehrer geschützt seien (S. 50ff.).

Er moniert die seiner Meinung nach starren Regeln des Programms, hält es aber wiederum für sinnvoll und zweckmäßig, dass allen Schülerinnen und Schülern im Rahmen des Programms die Grundregeln noch einmal klar in Gedächtnis gerufen würden, denn nur so sei gemeinsames Lernen möglich. Er wendet gegen die Rückkehrverhandlungen ein, dass sie keine wirklichen Verhandlungen seien, sondern dass durch sie die Schülerinnen und Schüler zu Bittstellern herabgewürdigt würden. Gleichzeitig sagt er aber auch, dass Schüler, die stören, ihren Anspruch auf Teilhabe am Unterricht verlieren würden und dass es sinnvoll sei, sie durch entsprechende Reflexionen und Vorsätze unter Beweis stellen zu lassen, dass sie fähig seien, wieder am Unterricht teilzunehmen. Dadurch werde der Unterricht positiv konnotiert, und aus der »drögen Zumutung« werde ein »erstrebenswertes Gut« (S. 52).

Göppel spricht von »Verträgen«, welche die Schülerinnen und Schüler schließen müssten und beanstandet ihre Einseitigkeit. Statt von Verträgen zu sprechen, wäre es aus unserer Sicht korrekter gewesen, von Plänen zu sprechen, denn es sind Pläne, die die Schülerinnen und Schüler erstellen und keine Verträge. Andererseits befürwortet er sozialpädagogische Methoden wie Verträge, »Arbeitsbündnisse« und Pläne, die »Übungssituationen« und »Übungsräume« für das Aushandeln bereitstellen für die »Erfahrung von Verlässlichkeit und Bewährung« (S. 52).

Einerseits begrüßt Göppel die Suche der Lehrerinnen und Lehrer nach brauchbaren Konzepten, um der zunehmenden Anzahl störender Schülerinnen und Schüler zu begegnen, andererseits stellt er die unrealistische Forderung auf, dass Lehrerinnen und Lehrer einfach nur ihren Unterricht spannend und motivierend gestalten müssten dann würden Schülerinnen und Schüler gar nicht mehr auf die Idee kommen zu stören.

Göppel hinterfragt den Begriff der Eigenverantwortung, hält ihn für »doppelgemoppelt« (S. 53), um dann anschließend durchaus die positiven Aspekte dieses Begriffs herauszustellen wie Nachdenklichkeit und Reflektiertheit, Impulskontrolle und Entwicklung von Handlungsplänen, Selbstständigkeit in der Planung und Durchführung bestimmter Aktivitäten. Er sieht in der Vielfalt dieser Inhalte ein Gegenargument für die Übernahme des Projektes Eigenverantwortung in der Schule, hält jedoch wiederum das Bemühen darum für legitim. Es geht darum, so Göppel, dem Schüler ein »klareres Bewusstsein von sich selbst als handelndem und entscheidendem Subjekt zu vermitteln«, – und genau dieses Ziel verfolgen wir mit unserem Programm. Ob wir es erreichen, hängt immer auch vom Engagement der Lehrerinnen und Lehrer sowie von der Akzeptanz der Schülerinnen und Schüler ab. Wenn Schüler spüren, dass Lehrer sich um sie bemühen und nicht nur einen starren bürokratisch erscheinenden Umgang mit ihnen pflegen, dann werden sie das Konzept akzeptieren.

14. Der Erfolg gibt uns Recht

Erste Evaluationsergebnisse

Die Zufriedenheit von Lehrern und Schülern

Wenn ein neues Programm eingeführt wird, tauchen sofort Fragen nach seiner Effektivität auf. Werden die Bemühungen des Kollegiums, die Vorbereitungen, die organisatorischen Maßnahmen, die zusätzlichen zeitlichen Belastungen in einem zu vertretenden Verhältnis zum Ergebnis stehen? Die Evaluation kann jedoch immer erst nach einem bestimmten Zeitraum und Ablauf durchgeführt werden. Jedes Programm braucht, um »effektiv« sein zu können, einen bestimmten Spielraum der Bewährung. Es müssen bei jedem neu eingeführten Programm immer auch in einem bestimmten Maße Durchführungsfehler, organisatorische Mängel, unbeabsichtigte Nebenwirkungen mit einkalkuliert werden, die erst entdeckt und ausgeräumt werden müssen und die nicht immer zu vermeiden sind.

Davon unabhängig tauchen schon früh berechtigte Fragen wie diese auf: Wie soll und wie kann überhaupt gemessen werden? Dürfen die Anzahl der Besuche im Trainingsraum zum Maßstab genommen werden? Wenn die Anzahl der Trainingsraumbesuche hoch ist, d.h. wenn viele Schülerinnen und Schüler sich entscheiden, dorthin zu gehen, ist das dann ein Zeichen für Erfolg oder Misserfolg des Programms? Wenn der Trainingsraum gar nicht oder nur wenig frequentiert wird, kann man dann daraus schließen, dass keine Unterrichtsstörungen vorgelegen haben? Könnte man nicht auch ebenso vermuten, dass der Prozess eventuell nicht richtig angewandt wurde, dass Lehrerinnen und Lehrer über Störungen hinwegsahen, die Schlüsselfragen nicht stellten und damit die Schüler auch nicht vor die Entscheidung stellten, in den Trainingsraum zu gehen? Sollte man einfach die Anzahl der Unterrichtsstörungen vorher und nachher messen? Kann dies aber nicht zu einer Verzerrung führen, denn durch das Programm werden ja die Lehrerinnen und Lehrer geradezu aufmerksam auf und auch sensibel für Unterrichtsstörungen, was wiederum dazu führen könnte, dass sie schneller bereit sind, auf Unterrichtsstörungen zu reagieren, sodass die Anzahl der Schülerinnen und Schüler, die den Trainingsraum aufsuchen, vielleicht sogar sehr hoch ist? Was bezeichnen wir als Erfolg und wann glauben wir, dass der Einsatz der Implementierung sich gelohnt hat?

Es liegen erste Ergebnisse von bislang unveröffentlichten und im Rahmen von Zulassungsarbeiten von Lehramtskandidaten geschriebenen Evaluationsstudien vor. Weigel (2001) stützt sich dabei allerdings nur auf das Urteil von Lehrern und Schülern einer Schule (17 zurückgegebene Lehrerfragebogen und 262 ausgefüllte Schülerfragebogen). Die Beteiligten schätzen das Programm im Ganzen positiv ein. Es gibt kritische Punkte, die sich vor allem auf die Akzeptanz des Programms durch die älteren Schülerinnen und Schüler und auf ihr Bemühen, sich ernsthaft an die Pläne zu halten, beziehen. Dies kann jedoch damit erklärt werden, dass die älteren Schülerinnen und Schüler nicht mit dem Programm »aufgewachsen« sind, sondern mit ihm in einem Alter konfrontiert wurden, das für Regeln nicht besonders empfänglich ist.

In unserer Evaluationsstudie, an der sich acht verschiedene Schulen des Kreises Gütersloh (fünf Hauptschulen, eine Gesamtschule, eine Realschule und eine Sonderschule) beteiligten, haben wir 234 ausgefüllte Fragebogen von Lehrerinnen und Lehrern sowie 1807 ausgefüllte Fragebogen von Schülerinnen und Schüler der 5. bis 10. Klassen zurückbekommen.

Die Fragebogen für Lehrerinnen und Lehrer enthielten 19 Fragen, auf die mit einem sechsstufigen Ranking von »Ja, immer« bis »Nein, nie« geantwortet werden konnte. Es interessierten uns dabei vor allem folgende Fragen:

- Wie zufrieden sind Lehrerinnen und Lehrer mit dem Programm?
- Hat sich die Anzahl der Unterrichtsstörungen verringert?
- Hat sich die Qualität ihres Unterrichts verbessert?
- Ist das Unterrichtsklima angenehmer geworden?
- Glauben die Lehrerinnen und Lehrer, dass die Schülerinnen und Schüler durch das Programm lernen, verantwortlicher zu denken und zu handeln?

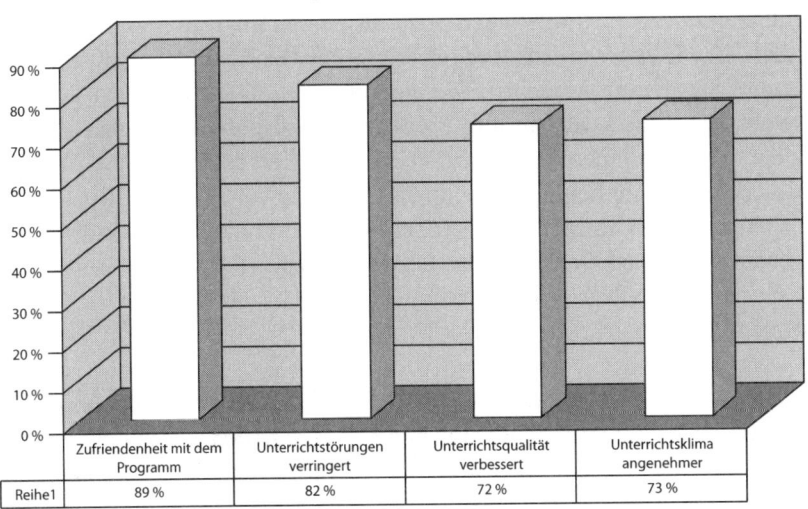

Abb. 28: Antworten der Lehrerinnen und Lehrer

Insgesamt bejahten 89 Prozent der 234 befragten Lehrerinnen und Lehrer aller Schulen die Frage nach der Zufriedenheit, 82 Prozent gaben an, dass sich die Unterrichtsqualität verbessert habe, 72 Prozent, dass sich die Unterrichtsstörungen verringert hätten und 73 Prozent empfanden das Unterrichtsklima nach Einführung des Programms als angenehmer (Abb. 28).

Die Fragebogen der Schülerinnen und Schüler enthielten 24 Statements, auf die ebenfalls in einem sechsstufigen Ranking von »stimmt« bis »stimmt gar nicht« reagiert werden konnte, wobei das letzte eine offene Meinungsäußerung zum Programm erforderte. Es interessierten uns vor allem folgende Fragen:

- Wie oft waren die Schülerinnen und Schüler schon im Trainingsraum?
- Wie oft stellen aus Sicht der Schülerinnen und Schüler die Lehrer bei Unterrichtsstörungen die Fragen?
- Hören die Schülerinnen und Schüler schon bei der ersten Frage auf zu stören?
- Denken die Schülerinnen und Schüler im Trainingsraum über ihr Verhalten nach?
- Halten sich die Schülerinnen und Schüler an ihre Pläne, weil sie es selbst wollen?
- Schaffen es die Schülerinnen und Schüler, sich auch an ihre Pläne zu halten?

Unter den Schülerinnen und Schülern waren 44,6 Prozent Mädchen und 55,4 Prozent Jungen. Von den Mädchen gaben 38 Prozent und von den Jungen gaben 58 Prozent an, schon einmal oder auch mehr als einmal im Trainingsraum gewesen zu sein (Abb. 29). Dies entspricht unserer Erwartung. Erfahrungsgemäß stören Jungen den Unterricht öfter als Mädchen. Dies liegt daran, dass Jungen expansivere Verhaltensweisen zeigen als Mädchen und Probleme oft körperlich ausagieren. Sie neigen von klein auf dazu, innere Spannungen über die Motorik nach außen abzuführen. Es ist nicht verwunderlich, dass es Jungen schwerer fällt, sich an Regeln zu halten und daher auch öfter als Mädchen den Trainingsraum besuchen. Gerade die unruhigen Kinder benötigen Hilfen, sie brauchen einen sicheren Rahmen für ihre Orientierung, sie benötigen Regeln als Richtlinien und Maßstab, und gerade für sie sind Konsequenzen sehr wichtig.

Insgesamt gaben 86 Prozent aller Schülerinnen und Schüler an, dass ihre Lehrerinnen und Lehrer bei Unterrichtsstörungen die Fragen stellen würden, 92 Prozent sagten, dass sie sich bemühen, nicht mehr zu stören, sobald die erste Frage an sie gestellt würde. 85 Prozent sagten von sich, dass sie im Trainingsraum über ihr Verhalten nachdenken würden und 67 Prozent, dass sie es schaffen, sich an ihre Pläne zu halten (Abb. 30).

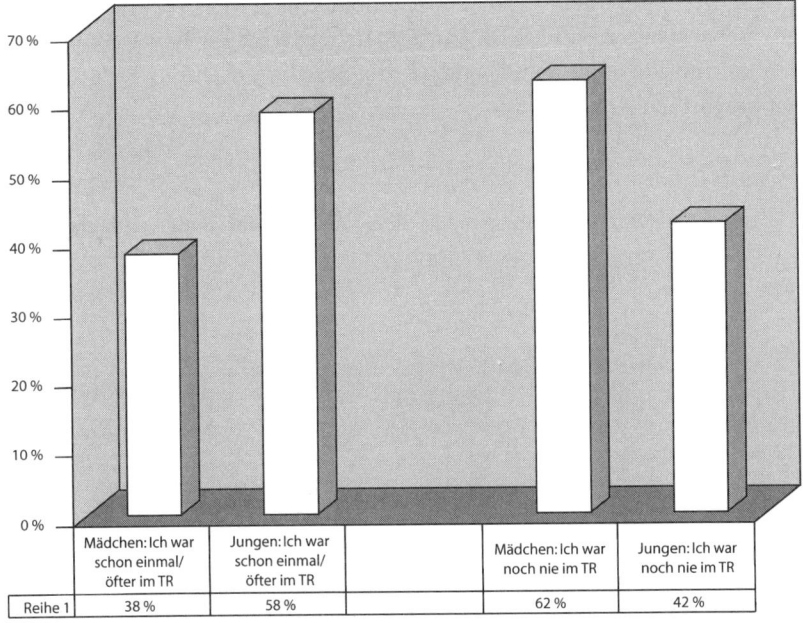

Abb. 29: *Jungen und Mädchen im Trainingraum*

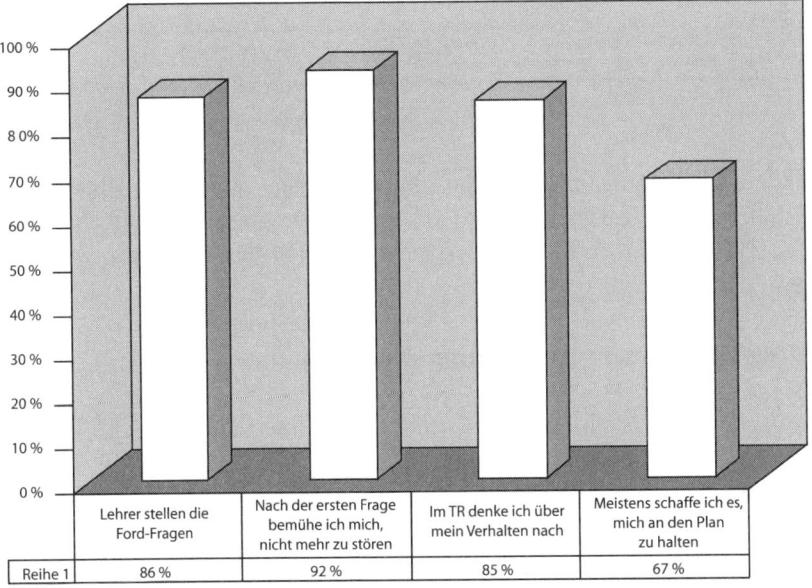

Abb. 30: *Antworten der Schülerinnen und Schüler*

Abbildung 30 gibt die Schülersicht wieder. Uns interessierte nun die Übereinstimmung zwischen Lehrer- und Schülersicht. Abbildung 31 zeigt die hohe Übereinstimmung zwischen Lehrern und Schülern bezüglich der Frage, ob die Schüler es schaffen, sich an ihre Pläne zu halten und ob die Schüler durch das Programm lernen, eigenverantwortlich zu handeln.

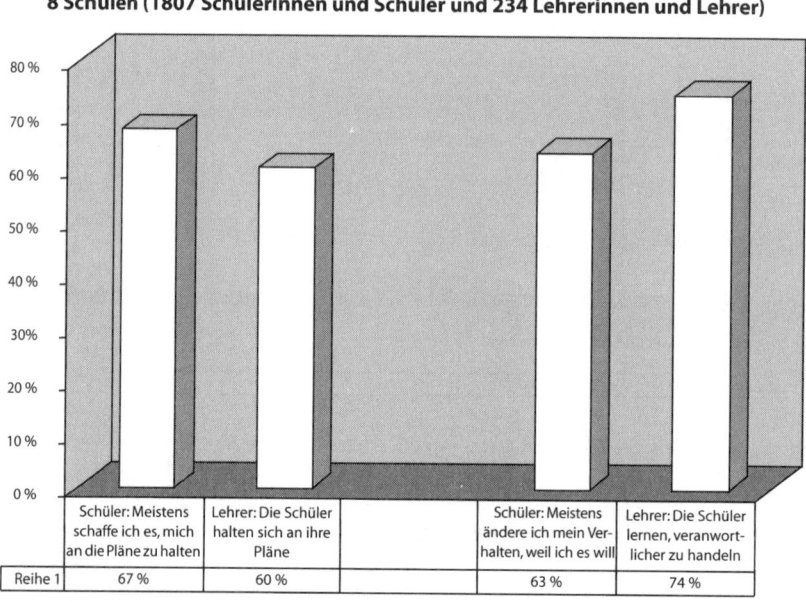

8 Schulen (1807 Schülerinnen und Schüler und 234 Lehrerinnen und Lehrer)

	Schüler: Meistens schaffe ich es, mich an die Pläne zu halten	Lehrer: Die Schüler halten sich an ihre Pläne		Schüler: Meistens ändere ich mein Verhalten, weil ich es will	Lehrer: Die Schüler lernen, veranwortlicher zu handeln
Reihe 1	67 %	60 %		63 %	74 %

Abb. 31: Übereinstimmung zwischen Lehrerinnen und Lehrern und Schülerinnen und Schülern

Die letzte der an Lehrer und Schüler gestellten Frage war eine qualitative. Lehrer und Schüler wurden gebeten, ihre Meinung zum Programm schriftlich zu äußern. Von den 234 Lehrerinnen und Lehrern haben sich 147 dazu geäußert, von den 1807 Schülerinnen und Schüler 1549.

Hier einige **Kommentare** der **Lehrerinnen** und **Lehrer**:

- Die ganze Klasse profitiert vom störungsfreien Unterricht.
- Es gibt weniger Klassenkonferenzen.
- Es schont die Nerven.
- Auch ruhige Schüler kommen zu ihrem Recht.
- Ich kann besser unterrichten.

Hier einige **Kommentare** der **Schülerinnen** und **Schüler:**

- Gut, dass es den Trainingsraum gibt.
- In unserer Klasse ist es viel ruhiger geworden.
- Ich lerne, mit Regeln umzugehen.
- Es ist angenehm ruhig in der Klasse.
- Ohne Störer ist es besser.

Fazit

Damit kann von einem Erfolg gesprochen werden. Die Mehrheit der Lehrerinnen und Lehrer ist zufrieden, Unterrichtsstörungen werden geringer, und die Mehrheit der Schülerinnen und Schüler denkt im Trainingsraum über ihr Verhalten nach, hält sich an ihre Pläne, und zwar nicht nur, weil es die Lehrer so wollen, sondern weil sie es selbst möchten. Aber auch wir haben, ähnlich wie Weigel (2001), die Erfahrung gemacht, dass ältere Schüler mit dem Programm schwerer zu erreichen sind als jüngere. Dies lag auch in unseren Schulen daran, dass das Programm den älteren Schülern im schwierigen Alter der Pubertät angeboten wurde. Unsere Schlussfolgerung daraus ist, mit dem Programm auf jeden Fall bei den jüngsten Schülerinnen und Schülern zu beginnen, also in weiterführenden Schulen jeweils mit der untersten Klassenstufe anzufangen, um dann langsam Jahr für Jahr alle Klassenstufen zu erfassen.

Es gibt, so zeigt unsere Evaluationsstudie, vor allem aus Sicht der Schülerinnen und Schüler einige Dinge zu verbessern: Es halten sich nicht alle Lehrer an den Frageprozess und einige Lehrer »schicken« die Schüler in den Trainingsraum, ohne ihnen wirklich eine Entscheidungsmöglichkeit gegeben zu haben. Dies darf nicht sein. Das Programm beinhaltet zwei Schwerpunke: Die Anwendung des Frageprozesses bei Unterrichtsstörungen und das wohl wollende Gespräch im Trainingsraum, das mit dem Erstellen der Pläne endet. An beiden Schwerpunkten muss mit Hilfe von Supervision der Lehrerinnen und Lehrer gearbeitet werden. Auch die Lehrerinnen und Lehrer machen Verbesserungsvorschläge. Sie wünschten sich, dass wirklich alle das Programm anwenden, dass ihre Kolleginnen und Kollegen noch intensiver die Schülerinnen und Schüler darin unterstützen, die Pläne einzuhalten und sie appellierten auch an die Verpflichtung aller, einen guten Unterricht zu gestalten.

In jedem Versuch der Veränderung und Umgestaltung von Schule steckt auch immer zugleich der Wunsch nach Ablösung von bisherigen Strukturen. Das kann Verunsicherung und eine anfängliche Verwirrung mit sich bringen, denn sich auf etwas Neues einzulassen erfordert Mut, aber auch Vertrauen. So muss sich jedes Kollegium die Frage stellen, was genau es an »bewährten« oder auch nicht bewährten Unterrichtsmaßnahmen beibehalten will und ob es bereit ist, neue Wege zu gehen. Um den Weg der Schulentwicklung zu beschreiten, müssen sich alle Beteiligten »fortbewegen«, denn schon das »Fortschreiten« schafft den »Ford-« und damit den »Fortschritt«.

Das Programm zur Stärkung der Eigenverantwortung stellt einen Prozess dar, der nie abgeschlossen ist, sondern immer wieder intensiviert und gegebenenfalls auch variiert werden muss. Wichtig ist das Ziel, die Eigenverantwortung der Schülerinnen und Schüler zu stärken. Das Programm stellt einen der möglichen Wege zu diesem Ziel dar. Es gibt bestimmt noch andere Wege. Wir haben diesen gewählt und damit gute Erfahrungen gemacht.

Und so beschreibt Edward Ford (1997) in einem Satz das Ziel seines Programms:

>**»Teaching children to respect the rights of others through responsible thinking based on perceptual control theory«**

Literaturverzeichnis

Bandura, A.: Sozial-kognitive Lerntheorie. Klett, Stuttgart 1979.

Balke, S.: Disziplinprogramm und Konfliktbewältigung. Eigenverantwortliches Denken in der Schule. In: Neue Deutsche Schule 4, 1998, S. 15–17.

Balke, S./Hogenkamp, A.: Drei Regeln reichen aus. Soziales Verhalten kann trainiert werden. Friedrich Jahresheft 2000, 2000, S. 82–85.

Balke, S.: Die Spielregeln im Klassenzimmer. Das Trainingsraum-Programm. Ein Programm zur Lösung von Disziplinproblemen in der Schule. Karol-Verlag, Bielefeld 2001.

Bischof-Köhler, D.: Zusammenhänge zwischen kognitiver, motivationaler und emotionaler Entwicklung in der frühen Kindheit und im Vorschulalter. In: Keller, H. (Hrsg.): Lehrbuch Entwicklungspsychologie. Huber, Bern/Göttingen/Toronto/Seattle 1998, S. 319–376.

Bründel, H./Hurrelmann, K.: Gewalt macht Schule. Droemer-Knaur, München 1994.

Bourbon, W. T.: Models and their worlds. In: International Journal Human-Computer Studies, 50, 1998, S. 445–461.

Bildungsauftrag Werteerziehung. Selbstständig denken, verantwortlich handeln. Hrsg.: Bundesvereinigung der Deutschen Arbeitgeberverbände. Berlin 2002.

Carey, T. A./Carey, M.: The Intervention Team: Jewel in the Crown of RTP. In: Ford, E. E. (Ed.): Discipline for Home and School. Book II. Brandt Publishing, Scottsdale 1999.

Carey, T. A./Carey, M.: RTP Intervention Processes. Andrew Thomson Publishing, Queensland/ Australia 2001.

Druwe, U./Plümper, Th./Kunz, V. (Hrsg.): Jahrbuch für Handlungs- und Entscheidungstheorie. Leske + Budrich, Opladen 2000.

Foerster, H. von: Das Konstruieren einer Wirklichkeit. In: Watzlawick, P. (Hrsg.): Die erfundene Wirklichkeit. Piper, München 1981.

Foerster, H.: Erkenntnistheorien und Selbstorganisation. In: Schmidt, S. J. (Hrsg.): Der Diskurs des Radikalen Konstruktivismus. Suhrkamp, Frankfurt a. M. 1987, S. 133–158.

Foerster, H. von: Aufbau und Abbau. In: Simon, F. B. (Hrsg.): Lebende Systeme. Wirklichkeitskonstruktionen in der systemischen Therapie. Springer, Heidelberg 1988.

Ford, E. E.: Freedom from Stress. Brandt Publishing, Scottsdale 1989.

Ford, E. E.: Discipline for Home and School. Book I. Brandt Publishing, Scottsdale 1997.

Ford, E. E.. Discipline for Home and School. Book II. Brandt Publishing, Scottsdale 1999.

Forssell, D.: Perceptual Control. A New Management Insight. In: The American Society for Engineering Management, updated by the author, 1993, S. 6–13.

Forssell, D.: Perceptual Control: Management Insight for problem solving. In: The American Society for Engineering Management, updated by the author, 1994, S. 15–22.

Glasser, W.: Choice Theory. Harper Collins. New York 1998.

Gerspach, M.: Wohin mit den Störern? Zur Sozialpädagogik der Verhaltensauffälligen. Kohlhammer, Stuttgart/Berlin/Köln 1998.

Göppel, R.: »Arizona« – ein Programm zur Förderung der »Eigenverantwortung« oder ein Disziplinierungsinstrument? Betrachtungen aus der Perspektive der psychoanalytischen Pädagogik. In: Institut für Weiterbildung der PH Heidelberg. Informationsschrift Nr. 26, Sommersemester 2002.

Holodynski, M./Oerter, R.: Motivation, Emotion und Handlungsregulation. In: Oerter, R./Monta-da, L. (Hrsg.): Entwicklungspsychologie. Beltz PVU, Weinheim/Basel/Berlin [5]2002, S. 551–589.

Hurrelmann, K.: Einführung in die Sozialisationstheorie. Beltz Studium, Weinheim/Basel/Berlin [8]2002.

Hurrelmann, K./Bründel, H.: Einführung in die Kindheitsforschung. Beltz Studium, Weinheim/Basel/Berlin [2]2003.

Kliebisch, U. E.: Wenn Appelle nicht mehr helfen … Tipps zur Veränderung von Schülerverhalten. VBE, Dortmund 1998.

Lapointe, Y./Laurendeau, M-C.: Prevention of Violence, Teacher's Manual. Department of Community Health, The Montreal General Hospital 1989.

Luhmann, N.: Soziale Systeme. Grundriss einer allgemeinen Theorie. Suhrkamp, Frankfurt a. M. 1984.

Neuhaus, C.: Das hyperaktive Kind und seine Probleme. Ravensburger Ratgeber Familie, Berlin 1999.

Neuhaus, C.: Hyperaktive Jugendliche und ihre Probleme. Ravensburger Ratgeber Familie, Berlin 2000.

Marken, R. S.: Perceptual organization of behavior: A hierarchical control model of coordinated action. In: Journal of Experimental Psychology: Human Perception and Performance, 12, 1986, S. 267–276.

Marken, R. S.: The nature of behavior: Control as fact and theory. In: Behavioral Science, 35, 1988, S. 167–178.

Maturana, H. R./Varela, F. J.: Der Baum der Erkenntnis. Die biologische Wurzeln des menschlichen Erkennens. Scherz Verlag, Bern und München 1987.

Meichenbaum, D.: Kognitive Verhaltensmodifikation. Urban & Schwarzenberg, München 1979.

Miller, R.: Sich in der Schule wohlfühlen. Beltz Grüne Reihe, Weinheim/Basel/Berlin 1991.

Miller, R.: Lehrer lernen. Beltz, Weinheim/Basel/Berlin 1999.

Miller, R.: Den Schulalltag meistern. Bd. 1: Gesundbleiben in der Schule. Friedrich Verlag, Seelze 2000.

Ministerium für Schule, Jugend und Kinder des Landes Nordrhein-Westfalen (Hrsg.): Erziehung stärken. Beispiele und Erfahrungen aus der Schule. Düsseldorf 2002.

Müller-Fohrbrodt, G.: Konflikte konstruktiv bearbeiten. Zielsetzungen und Methodenvorschläge. Leske + Budrich, Opladen 1999.

Mutzeck, W.: Kooperative Beratung. Grundlagen und Methoden der Beratung und Supervision im Berufsalltag. Beltz Taschenbuch, Weinheim/Basel/Berlin 2002.

Palmowski, W.: Anders handeln. Lehrerverhalten in Konfliktsituationen. Borgmann, Dortmund 1996.

Parsons, T.: Zur Theorie sozialer Systeme. Westdeutscher Verlag, Opladen 1976.

Powers, W. T.: Behavior: The Control of perceptions. Aldine Publishing Co., Chicago 1973.

Powers, W. T.: Some Cybernetic and Some Psychology. Forum of the American Society for Cybernetics, 4 (4), 1976, S. 6–9.

Powers, W. T.: Making Sense of Behavior. The Meaning of Control. Benchmark Publication Inc., New Canaan/Connecticut 1998.

Prior, M.: MiniMax-Interventionen. Carl-Auer-Systeme Verlag, Heidelberg 2002.

Redl, F./Wineman, D.: Kinder, die hassen, Auflösung und Zusammenbruch der Selbstkontrolle. Piper, München 1984.

Redlich, A.: Kooperative Gesprächsführung in der Beratung von Lehrern, Eltern und Erziehern. Bd. 4 der Materialien aus der Arbeitsgruppe Beratung und Training, Fachbereich Psychologie, Universität Hamburg 1992.

Richards, J./v. Glasersfeld, E.: Die Kontrolle von Wahrnehmung und die Konstruktion von Realität. Erkenntnistheoretische Aspekte des Rückkoppelungs-Kontroll-Systems. In: Schmidt, S. J. (Hrsg.): Der Diskurs des Radikalen Konstruktivismus. Suhrkamp, Frankfurt a. M. 1987, S. 160–192.

Robertson, R. J./Powers, W. T.: Introduction to Modern Psychology. Benchmark Publications Inc., New Canaan/Connecticut 1990.

Schulz v. Thun: Miteinander reden 1–3. Rowohlt, Reinbek 1981, 1989,1998.

Skinner, B. E.: Wissenschaft und menschliches Verhalten. Kindler, München 1973.

Struck, P.: Schul- und Erziehungsnot in Deutschland. Ein Ratgeber für Eltern, Lehrer und Bildungspolitiker. Luchterhand, Neuwied 1992.

Watson, J. B.: Psychology as a behaviourist views it. Psychological Review 20, 1913, S. 157–158.

Watzlawick, P./Beavin, J./Jackson, D.: Menschliche Kommunikation. Huber, Bern 1969.

Weigel, K.: Projekt: »Eigenverantwortliches Denken und Handeln in der Schule« – Versuch einer Umsetzung und kritischen Bewertung. Unveröffentliche Wiss. Hausarbeit, Heidelberg 2001.

Kopiervorlagen (KV)

KV 1

Wahrnehmungskontrolltheorie
nach William T. Powers

Sachlage/Umfeld

Handlung

Vergleich

Wahrnehmung — Wünsche und Ziele

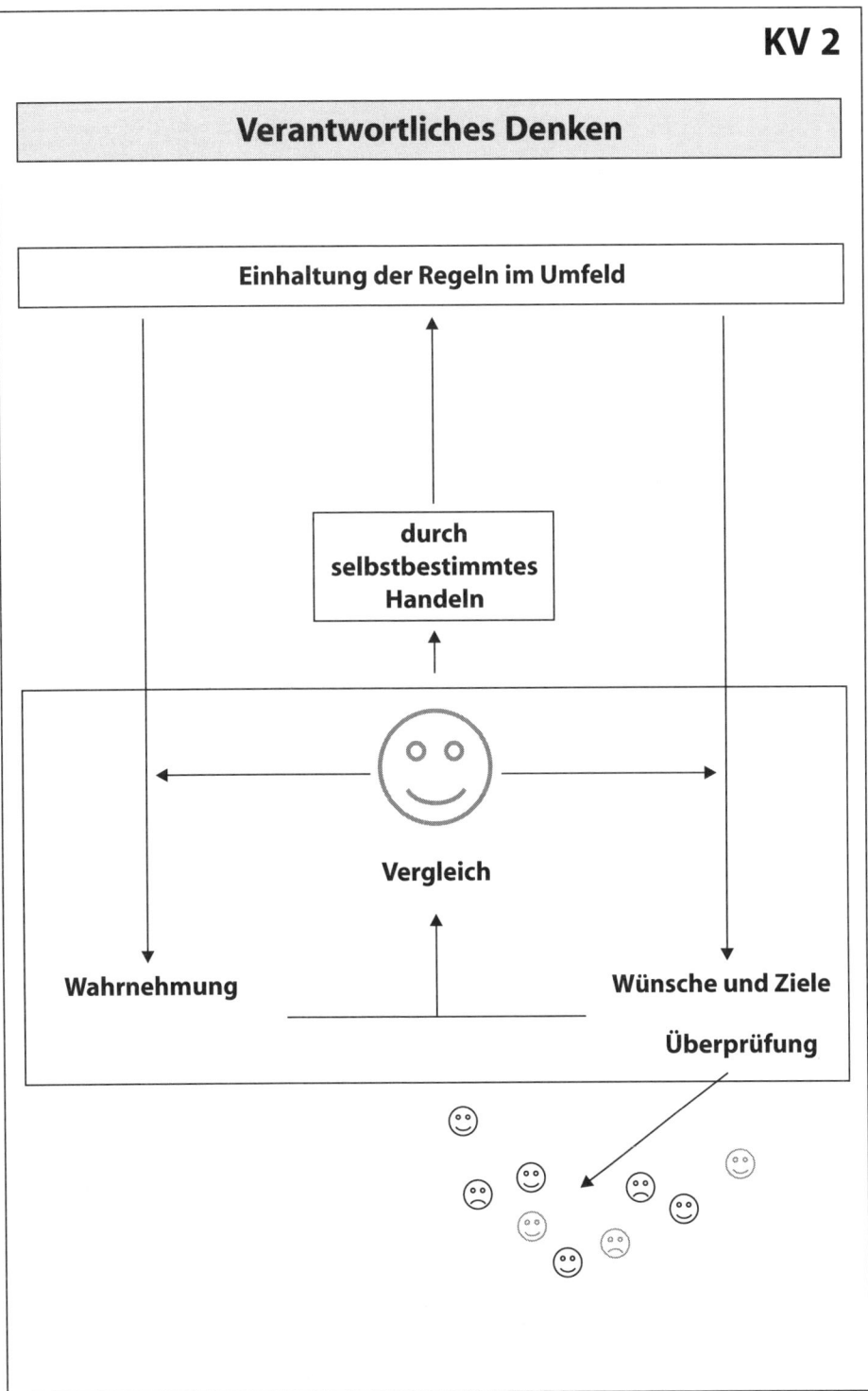

KV 2

Verantwortliches Denken

Einhaltung der Regeln im Umfeld

durch selbstbestimmtes Handeln

Vergleich

Wahrnehmung

Wünsche und Ziele

Überprüfung

KV 3

Die Grundidee von Eigenverantwortlichkeit

➢ Lehrerinnen und Lehrer und Schülerinnen und Schüler tragen Verantwortung nur für ihr eigenes Tun.

➢ Die Lehrerinnen und Lehrer sind für das Lehren verantwortlich und für das, was sie »aussenden«, nicht für das, was ankommt und was die Schüler daraus machen.

➢ Die Schülerinnen und Schüler sind für das Lernen verantwortlich. Lernen ist Selbstorganisation.

➢ Beide, Lehrerinnen und Lehrer und Schülerinnen und Schüler, müssen Abschied nehmen von der Meinung, sie könnten den anderen mit Druck verändern: Druck erzeugt Gegendruck.

KV 4

Bewährte Regeln im Unterricht

➢ Ich höre zu, wenn andere sprechen.

➢ Ich melde mich und warte, bis ich aufgerufen werde.

➢ Ich passe im Unterricht auf und beteilige mich.

➢ Ich spreche und verhalte mich höflich.

➢ Ich gehe rücksichtsvoll mit anderen um.

➢ Ich achte das Eigentum anderer.

➢ Ich befolge die Anweisungen meiner Lehrerinnen und Lehrer.

KV 5

Der Frageprozess

1. »Was machst du?«

2. »Wie lautet die Regel?«

3. »Was geschieht, wenn du gegen die Regel verstößt?«

4. »Wofür entscheidest du dich?«

5. »Wenn du wieder störst, was passiert dann?«

KV 6

Klassenplakat

Unterrichtsstörungen im Klassenraum

Wenn du im Unterricht gegen Klassenregeln verstößt, werden dir Fragen gestellt:

»Was tust du gerade?«

»Du kennst die Regeln der Klasse?«

»Wofür entscheidest du dich?«

»Möchtest du im Trainingsraum über dein Verhalten nachdenken oder möchtest du dein Störverhalten aufgeben und in der Klasse bleiben?«

Deine Entscheidung!

»Und falls du doch wieder störst, was passiert dann?«

Wenn du nach diesen Fragen noch einmal störst, hast du dich **durch diese Störung** entschieden, in den Trainingsraum zu gehen.

Denke daran:

Es ist deine Entscheidung, wo du sein möchtest!!!!!

KV 7

Leitfaden zum Ablauf des Geschehens im Trainingsraum

1. Anklopfen und Eintreten

2. Begrüßung

3. Übergabe des »Laufzettels«

4. Schüler/in setzt sich auf einen freien Platz (je nach Situation)

5. Schüler/in signalisiert Gesprächsbereitschaft

6. Schüler/in schildert seine/ihre Sicht der Störung (1. Störung, 2. Störung)

7. Absichten/Hintergründe erforschen

8. Absicht vom Verhalten trennen

9. Regelverstoß benennen

10. Ideen für das zukünftige Verhalten sammeln lassen

11. Plan schreiben lassen

12. Absprachen treffen über das Einholen der Hausaufgaben und Nacharbeiten des Versäumten

13. Plan kopieren

14. Verabschiedung

KV 8

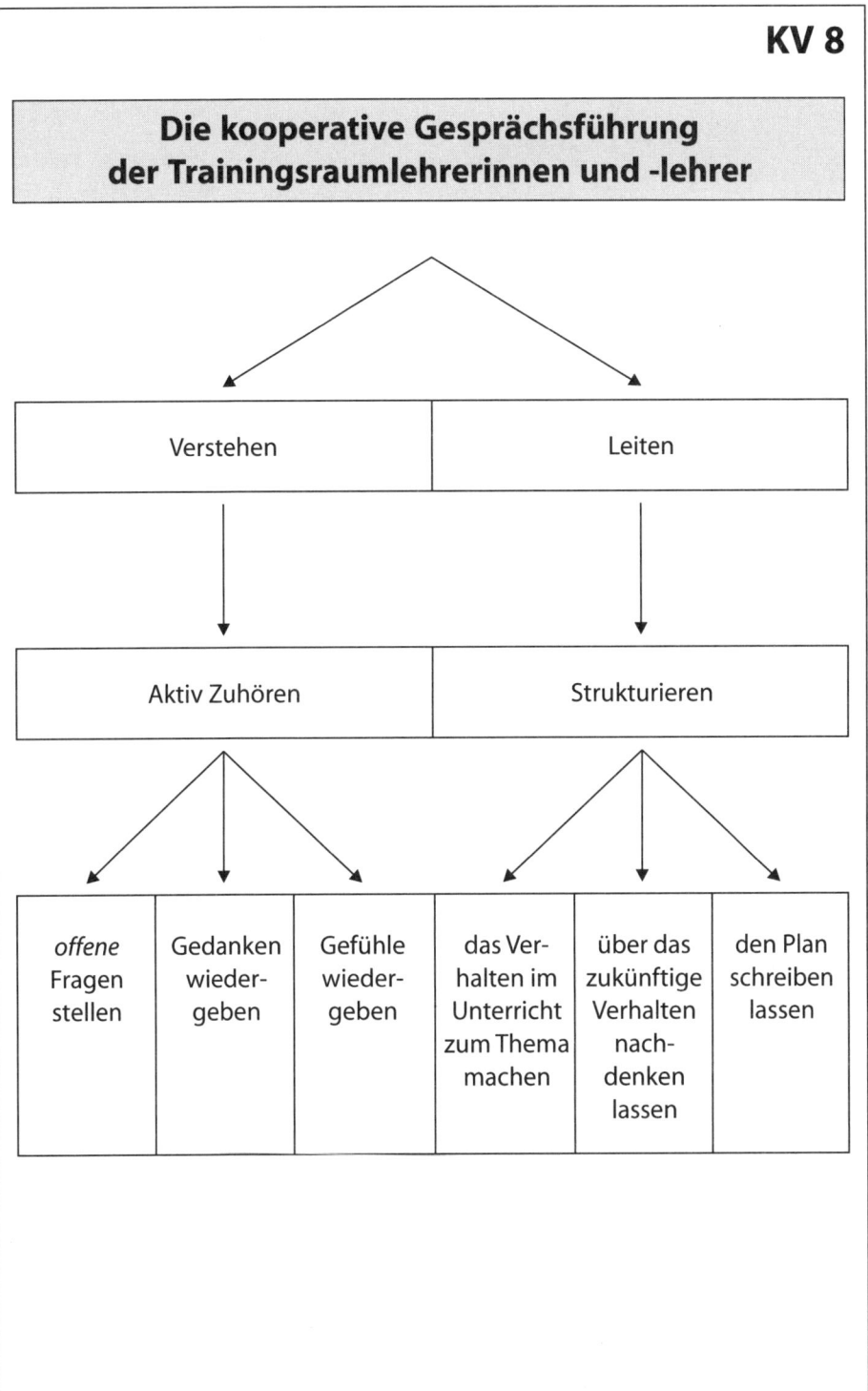

Die kooperative Gesprächsführung der Trainingsraumlehrerinnen und -lehrer

| Verstehen | Leiten |

| Aktiv Zuhören | Strukturieren |

| *offene* Fragen stellen | Gedanken wieder- geben | Gefühle wieder- geben | das Ver- halten im Unterricht zum Thema machen | über das zukünftige Verhalten nach- denken lassen | den Plan schreiben lassen |

KV 9

Leitlinien für die Trainingsraumlehrerinnen und -lehrer

1. Begrüßen Sie den Schüler freundlich.

2. Erfragen Sie die Bereitschaft des Schülers zur Mitarbeit.

3. Achten Sie auf seine Gefühle und sprechen Sie diese an.

4. Stellen Sie Ihre Fragen ruhig und sachlich.

5. Lassen Sie den Schüler möglichst genau die Störungssituation schildern.

6. Versuchen Sie, den Schüler in seiner Absicht zu verstehen.

7. Lassen Sie den Schüler die Regel nennen, gegen die er verstoßen hat.

8. Sprechen Sie mit dem Schüler nur über sein Störverhalten und nicht über das eines anderen Schülers.

9. Gesprächsthema ist das zurückliegende und das zukünftige Verhalten des betreffenden Schülers.

10. Bringen Sie den Schüler bei Ausflüchten zum Thema seines Verhaltens zurück.

11. Lassen Sie den Schüler selbst nach alternativem Verhalten suchen!

12. Helfen Sie ihm, Entscheidungen zu treffen.

13. Geben Sie ihm Zeit, sich »durch den Lösungsprozess zu kämpfen«.

14. Helfen Sie ihm bei der Erstellung des Plans.

KV 10

Wie erstelle ich einen Plan?

1. Beschränke dich auf ein eng umgrenztes Gebiet.

2. Setz dir ein Ziel, das du auch erreichen kannst.

3. Wie willst du dein Ziel in Handlung umsetzen?

4. Wie kann dein Lehrer/deine Lehrerin erkennen (an welchen Handlungen), dass du dir ein Ziel gesetzt hast?

5. Woran erkennt dein Lehrer/deine Lehrerin, dass du erfolgreich bist?

6. Wie willst du mit dem Problem umgehen, wenn es demnächst wieder auftritt?

KV 11

Mein Punkte-Plan

Ich erhalte Punkte, wenn ich es schaffe, folgende Regeln einzuhalten:

Regeln   Anzahl der Punkte

1. _____   ◯

2. _____   ◯

3. _____   ◯

4. _____   ◯

Ich darf meine Punkte eintauschen:

Anzahl der Punkte können eingetauscht werden in:

◯   _____

◯   _____

◯   _____

◯   _____

KV 12

Beobachtungsbogen für _____

Wo-Tag	1. Stunde		2. Stunde		3. Stunde		4. Stunde		5. Stunde		6. Stunde	
	Fach	L	Fach	L	Fach	L	Fach	L	Fach	L	Fach	L
Mo												
Di												
Mi												
Do												
Fr												

Er hat sich gut verhalten und mitgearbeitet ++
Er hat sich an die Regeln gehalten +
Er musste ermahnt werden o
Er hat den Trainingsraum besucht –

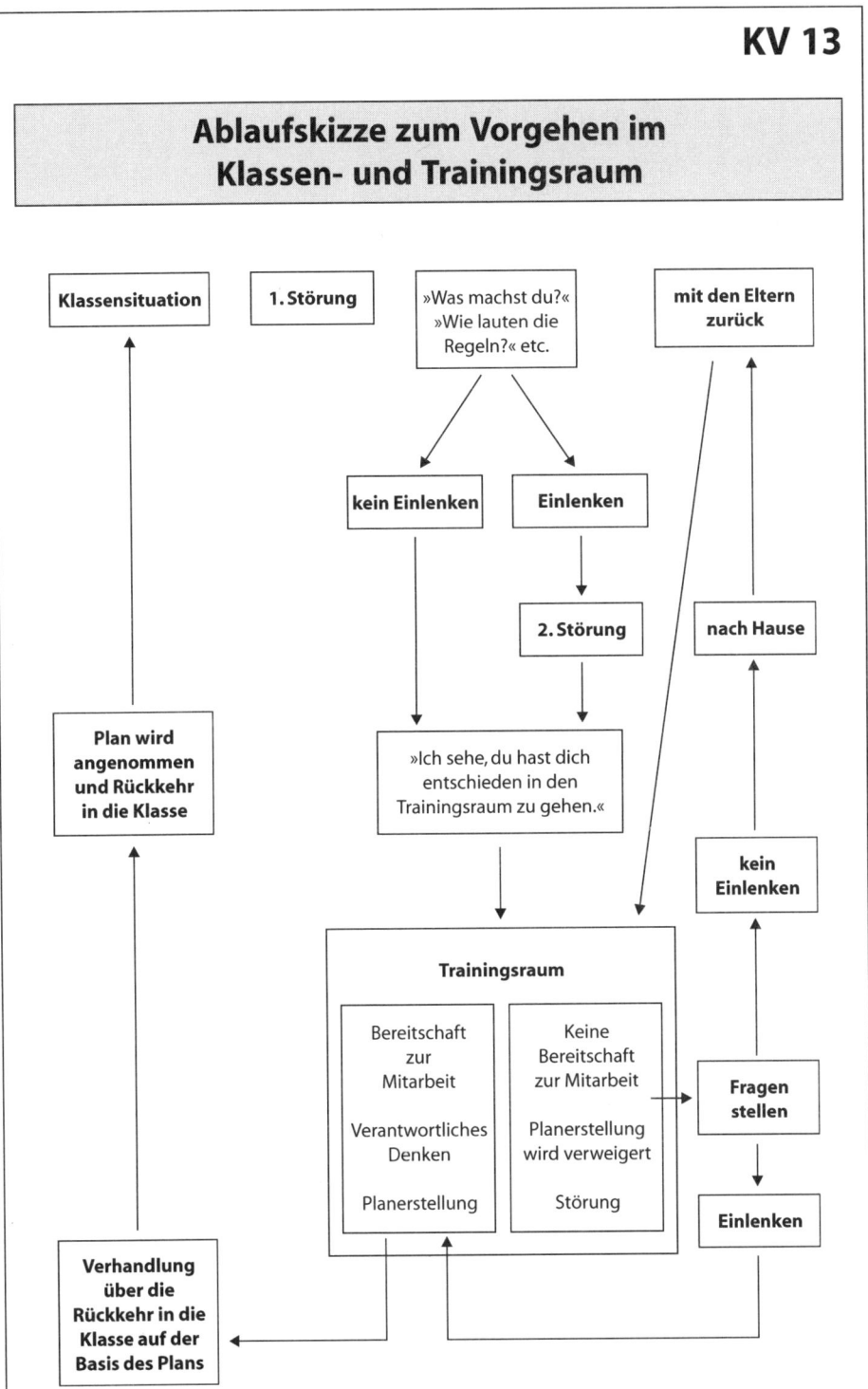

KV 13

Ablaufskizze zum Vorgehen im Klassen- und Trainingsraum

Klassensituation

1. Störung

»Was machst du?«
»Wie lauten die
Regeln?« etc.

mit den Eltern
zurück

kein Einlenken

Einlenken

2. Störung

nach Hause

Plan wird
angenommen
und Rückkehr
in die Klasse

»Ich sehe, du hast dich
entschieden in den
Trainingsraum zu gehen.«

kein
Einlenken

Trainingsraum

Bereitschaft
zur
Mitarbeit

Verantwortliches
Denken

Planerstellung

Keine
Bereitschaft
zur Mitarbeit

Planerstellung
wird verweigert

Störung

Fragen
stellen

Einlenken

Verhandlung
über die
Rückkehr in die
Klasse auf der
Basis des Plans

KV 14

Visualisierte Regeln für die Grundschule

Ich bin leise und höre zu!

Ich bleibe auf meinem Platz sitzen!

Ich schaue nach vorn und arbeite mit!

Wenn ich etwas zu sagen habe, melde ich mich!

KV 15

Hinweiskarte, sich an den »Tisch zum Nachdenken« zu begeben

Ich begebe mich jetzt an den »Tisch zum Nachdenken«.

KV 16

Plan für Grundschüler, die noch nicht schreiben können

Name: _____ Klasse: _____ Datum: _____ Uhrzeit: _____

1. Was habe ich gemacht?

Ich habe geärgert. ☐

Ich habe mich gestritten ☐

Ich bin herumgelaufen ☐

Ich habe geredet / in die Klasse gerufen ☐

Ich habe Geräusche gemacht ☐

Ich habe mit dem Stuhl gekippelt ☐

Ich habe _____

2. Wessen Rechte habe ich verletzt?

Ich habe die Gruppe beim Lernen gestört ☐

Ich habe den Lehrer beim Unterrichten gestört ☐

3. Mein Plan: Was will ich besser machen?

_____   _____
(Unterschrift Lehrer/Lehrerin)   *(Unterschrift Schüler/Schülerin)*

KV 17

Ich schaue nach vorn
an die Tafel!

Ich arbeite mit!

Ich bleibe auf meinem Platz sitzen!

Ich bin leise und höre zu!

KV 18

Ich stehe morgens auf,
wenn der Wecker klingelt!

Ich komme morgens
pünktlich zur Schule!

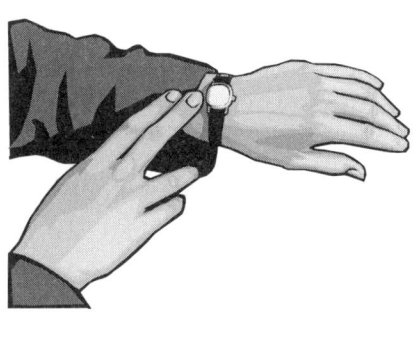

Ich mache zu Hause
meine Hausaufgaben!

Wenn ich meine Hausaufgaben gemacht
habe, packe ich meinen Schulranzen für
den nächsten Schultag!

KV 19

Wenn ich im Unterricht etwas zu
sagen habe, melde ich mich!

Ich esse und trinke
nur in den Pausen!

Ich bin freundlich zu meinen
Mitschülerinnen und Schülern.

Ich will friedlich sein.

KV 20

Plan für ältere Grundschulkinder

Name: _____ Klasse: _____ Datum: _____ Uhrzeit: _____

1. Was habe ich gemacht?

Ich habe geärgert. ☐

Ich habe mich gestritten ☐

Ich bin herumgelaufen ☐

Ich habe geredet / in die Klasse gerufen ☐

Ich habe Geräusche gemacht ☐

Ich habe mit dem Stuhl gekippelt ☐

Ich habe _____

2. Wessen Rechte habe ich verletzt?

Ich habe die Gruppe beim Lernen gestört ☐

Ich habe den Lehrer beim Unterrichten gestört ☐

Mein Plan: Was will ich besser machen?

_____

_____

_____

_____

_____   _____
(Unterschrift Lehrer/Lehrerin)   (Unterschrift Schüler/Schülerin)

KV 21

Zuweisung an den Trainingsraum für eigenverantwortliches Denken

Schülerin: _____ Klasse _____

1. Störung:

_____

_____

2. Störung:

_____

_____

3. Weiteres auffälliges Verhalten:

_____

_____

Lehrerin: _____ Datum: _____

Stunde: _____ Zeit: _____

KV 22

Programm
»Eigenverantwortliches Denken«

Mein Plan

Was habe ich gemacht?

_____

_____

_____

Welche Regel habe ich gebrochen?

_____

Ich will mich darum bemühen, das Problem zu lösen. Ja ☐ Nein ☐

Mein genauer Plan:

Schreibe auf, was du machen willst, um dein Ziel zu erreichen.

_____

_____

_____

_____

Wen fragst du nach versäumtem Unterrichtsstoff und Hausaufgaben?

_____

Wem zeigst du diesen Plan? _____

Wann? _____

Unterschrift: _____

TrainingsraumlehrerIn: _____

KV 23

Fragebogen zu Maßnahmen bei Unterrichtsstörungen

1. Gibt es an Ihrer Schule ein für alle Lehrerinnen und Lehrer **verbindliches** und **festgelegtes** Vorgehen bei Unterrichtsstörungen?

   Ja   Nein

2. Bitte schätzen Sie: Wie viel Unterrichtszeit geht in etwa durchschnittlich pro Unterrichtsstunde bei Ihnen durch Ermahnungen, Schimpfen und Tadeln verloren?

   20 %   30 %   40 %   50 %

3. Wünschen Sie sich manchmal, andere und wirkungsvollere Maßnahmen zur Verfügung zu haben?

   Ja   Nein

4. Führen die von Ihnen ergriffenen Maßnahmen **langfristig** zu einer Reduktion von Unterrichtsstörungen?

   Ja   Nein

5. Wer fühlt sich an Ihrer Schule am meisten dafür verantwortlich, Unterrichtsstörungen zu minimieren?

   Schulleitung   Lehrer/innen   Schüler/innen

KV 24

Die einzelnen Schritte des Implementierungsprozesses

Interesse/Vorinformation

Kollegiumsinterne Fortbildung

Entscheidung des Kollegiums

Entscheidung der Schulkonferenz

Auswahl der Trainingsraumlehrerinnen und -lehrer

Schaffung der organisatorischen Voraussetzungen

Training der zukünftigen Trainingsraumlehrerinnen und -lehrer

Elterninformation

Schülerinformation

Beginn mit den untersten Jahrgängen

Supervision intern oder extern der Trainingsraumlehrerinnen und -lehrer

Allmähliche Fortführung mit der gesamten Schülerschaft

Evaluation

Richtig streiten, richtig schlichten

Karin Jefferys-Duden

Das Streitschlichter-Programm
Mediatorenausbildung für
Schülerinnen und Schüler der
Klassen 3 bis 6.
Mit Kopiervorlagen.
152 Seiten. Broschiert.
ISBN 3-407-62390-9

Das vorliegende Programm ist ein
Leitfaden für die Ausbildung von
Schüler/innen als Streitschlichter.
Viele Schulen der Sekundarstufe I
haben Schlichtung in ihr Schulprogramm aufgenommen, weil sich das
Schulklima durch institutionaliserte
Schlichtung verbessern kann, Lehrkräfte
von Alltagskonflikten entlastet werden
und Schüler durch das Training zur
und die Anwendung der Schlichtung
soziale Kompetenzen erwerben können,
die ihnen den Umgang mit Gleichaltrigen erleichtern.

Nicht nur Sekundarschüler können
Streitschlichterfunktionen für jüngere
oder gleichaltrige Mitschüler übernehmen lernen, sondern auch
Grundschüler. Grundschullehrer
können das vorgestellte Programm
von der dritten Klasse an im Unterricht
einsetzen. Inhalte und Übungen sind
jedoch anspruchsvoll genug, um auch
Schüler der Orientierungsstufe in
Schlichtungsfähigkeiten und -ablauf
einzuweisen.

Dieses in der Praxis erprobte Programm
enthält sechs vollständig ausgearbeitete
Unterrichtseinheiten mit allen Arbeits-
blättern als Kopiervorlagen.

Mit leichten Modifizierungen können
Sie das Programm auch bei älteren
Schülern einsetzen.

Infos und Ladenpreis: www.beltz.de

Beltz Verlag · Postfach 100154 · 69441 Weinheim   F0221

Richtig streiten, richtig schlichten

Karin Jefferys-Duden

Konfliktlösung und Streitschlichtung

Das Sekundarstufen-Programm.
156 Seiten. Broschiert.
ISBN 3-407-62428-X

Gewaltbereitschaft und Aggressionen
Jugendlicher gehören zu den brennen-
den Problemen der heutigen Schule.
Das Streitschlichtungsprogramm für
die Sekundarstufe bietet wirksame Hilfe
an. Nach ihrem höchst erfolgreichen
Buch »Das Streitschlichter-Programm«

(Klasse 3 bis 6) legt die Autorin nun
die Weiterführung für die folgenden
Klassenstufen vor.

Vier Unterrrichtseinheiten zu
- Begründung des Trainings
  und Einstieg ins Thema,
- Konfliktverhalten,
- Konflikte aushandeln,
- Streitschlichtung
jeweils mit Vorlagen für Arbeitsblätter,
Folien, Beobachtungsbogen und Rollen-
instruktionen.
Zusätzlich umfangreiche Materialien
im Anhang zur Unterstützung der
Gruppenarbeiten sowie Vorschläge
zur Evaluation von Training und
Streitschlichtung.

»Der kurz und präzise gehaltene
theoretische Teil und die ausführlichen,
mit Alternativen versehenen konkreten
Hinweise, Anregungen und Hilfen
machen das Buch zu einer Art
›Programm‹, das es erlaubt, die Thema-
tik schülernah konkret anzupacken.
Die Ideen und Anregungen ermuntern
geradezu zur pädagogischen Umsetzung
eines Streit-schlichterprogramms an
der eigenen Schule.« *VBE Magazin*

Infos und Ladenpreis: www.beltz.de

Beltz Verlag · Postfach 100154 · 69441 Weinheim

F0222

Richtig streiten, richtig schlichten

Karin Jefferys-Duden
Thomas Duden
Konflikte spielend lösen
Lernspiele für die Streitschlichtung.
Mit Kopiervorlagen.
136 Seiten. Broschiert. Großformat.
ISBN 3-407-62431-X

Eine spielerische Ergänzung von Unterrichtsprogrammen zur kooperativen Konfliktlösung, zur Streitschlichtung und zu Unterrichtseinheiten zum sozialen Lernen. Die Ziele dieser Lernspiele für Grund- und weiterführende Schulen sind: Wissen um Konfliktlösung und Streitschlichtung aufzufrischen und abzurufen, kooperative Einstellungen zu konstruktiver Konfliktlösung zu stärken – und damit Konfliktlösemöglichkeiten anzuregen, die unterschiedliche Interessen überbrücken. Dabei kommt der Spaß nicht zu kurz. Die Sammlung ist nach dem Alter der Zielgruppe geordnet, beginnend mit der Grundschule bis hin zur Sekundarstufe.

Aus dem Inhalt:
- Das Neck- und Beschimpfungs-ABC
- Gefühlswürfel
- Schlichtungsmemory
- Schlichtungsspiel
- Schwarzer-Peter-Botschaften-Spiel
- Streit-Lösungs-Domino
- Ausreden-Spiel
- Gewinn-Maximierungs-Spiel
- Deeskalations-Skat
- Streitschlichter-Quartett

»Die Ideen und Anregungen ermuntern geradezu zur pädagogischen Umsetzung eines Streitschlichterprogramms an der eigenen Schule. Das Buch ist sowohl eine Hilfe für das eigene Ausarbeiten und Vorstellen eines Vorortprojektes wie der anschließenden Umsetzung bestens geeignet.« *VBE Magazin*

Infos und Ladenpreis: www.beltz.de

Beltz Verlag · Postfach 100154 · 69441 Weinheim

F0223

Konflikte bewältigen

Christa Kaletsch
Konstruktive Konfliktkultur
Förderprogramm für die
Klassen 5 und 6. Mit Kopiervorlagen.
124 Seiten. Broschiert.
ISBN 3-407-62504-9

Die Entwicklung einer guten Klassengemeinschaft ist der Mittelpunkt des
Förderprogramms zu einer konstruktiven Konfliktkultur. Das auf zwei Jahre
angelegte Trainingsprogramm hilft
Klassenlehrer/innen, Schüler/innen
Wege aufzuzeigen, eigenverantwortlich
mit Konflikten umzugehen.

Eine gute Klassengemeinschaft »fällt
nicht vom Himmel«. Aber man kann sie
sich erarbeiten und in Klassenstufe 5
und 6 ein Fundament zur konstruktiven
Konfliktkultur legen, die Schüler/innen
hilft, eigenverantwortlich mit den
Problemen umzugehen. Dabei eignet
sich die Klassenstufe 5 und 6 besonders,
da hier die Weichen neu gestellt werden,
die Schüler noch sehr an ihrer neu ent-
stehenden Klasse interessiert sind und
eine Reife mitbringen, Konflikte konstruktiv lösen zu können. Das Trainingshandbuch zur Förderung einer
konstruktiven Konfliktkultur liefert
Klassenlehrer/innen Hilfestellungen, wie
sie zunächst im präventiven Training
Schülern soziale Kompetenzen vermitteln und diese dann zur Bearbeitung
von Problemen und konkreten Kon-
fliktlagen nutzen können.
Ausführliche Moderationsbeschrei-
bungen, die auf langjähriger Praxis-
erfahrung der Autorin fußen, liefern
Tipps, die den Nutzern des Trainings-
handbuchs helfen, mögliche Trainings-
klippen sicher zu bestehen. Die aufeinander abgestimmten methodischen
Anleitungen und theoretischen Grundlagen ermöglichen den Lesern nach
dem im Trainingshandbuch vorge-
stellten Curriculum selbstständig zu
arbeiten.

Infos und Ladenpreis: www.beltz.de

Beltz Verlag · Postfach 100154 · 69441 Weinheim

F0224